VOM STILLSTAND ZUM WIDERSTAND

Zeit zum Wandel

Wolfgang Radlegger

VOM STILLSTAND ZUM WIDERSTAND

Zeit zum Wandel

Mit Karikaturen von Thomas Wizany

Brandstätter

Da 2011 das „Europäische Jahr des Ehrenamtes" ist, schreibe ich diesen Denkanstoß auch für jene tausenden Österreicherinnen und Österreicher, die aus vielen unterschiedlichen Gründen, nur nicht der Macht und des Geldes wegen, ungenannt und nicht selten unbedankt für die Gemeinschaft in Verbänden, Organisationen, Vereinen, Kirchen, aber auch in politischen Parteien tätig sind – für jene also, die oftmals als die „kleinen Funktionäre" bezeichnet werden und die in erster Linie die Aufmerksamkeit und den Dank der Gesellschaft verdienen. Ihrem Einsatz gelten meine Sympathie und mein Respekt.

Zum Geleit

Ganz Österreich raunzt und murrt über die Zukunftslosigkeit der herrschenden Politik. Doch den Stillstand zu beklagen ist das eine, aus der schweigenden Mehrheit herauszutreten das andere. Wenige nennen die Missstände beim Namen. Ein geradezu magischer Moment in einer Demokratie aber ist es, wenn einer oder eine mit Glaubwürdigkeit und Verdiensten hervortritt, um zu handeln. Wolfgang Radlegger tut es. Er ruft uns auf, endlich mehr Demokratie zu erstreiten. Das soll nicht vergeblich sein.

Johannes Voggenhuber

Es ist heute üblich, politische Vorschläge von „Ausgedienten" als Muppet Show abzutun. Was Wolfgang Radlegger im Zusammenwirken mit Gleichdenkenden quer über alle Interessen zusammengetragen hat, ist wichtig. Es wäre zu hoffen, dass sich die aktuelle Politik entschließt, rasch Realisierungen herbeizuführen. Warum? Nicht aus Freundlichkeit gegenüber Oldies, sondern aus dem notwendigen Interesse, dass unser politisches System leistungsfähig ist und überlebt. Ich halte es für entscheidend, dass man die Vorschläge nicht freundlich liest, sondern erörtert und beschließt!

Dr. Erhard Busek

Österreichs Regierende ersticken im 65. Jahr der Zweiten Republik die der Demokratie innewohnende Kraft zur Weiterentwicklung durch wechselseitige Blockaden und auf Machterhalt schielende Selbstverstrickung. Wolfgang Radleggers Aufschrei verdient Unterstützung aller, die sich mit dem politischen Stillstand nicht abfinden wollen – über alle weltanschaulichen Grenzen hinweg. Wir – die BürgerInnen dieses Landes – dürfen nicht durch Schweigen die herrschende Demokratieblockade legitimieren.

Dr. Friedhelm Frischenschlager

Es ist gut, dass nach Stéphane Hessel und einigen anderen nun Wolfgang Radlegger zur Feder gegriffen hat und die derzeitige österreichische politische Kultur schonungslos und blendend beschreibt. Fehler haben auch wir in unserer aktiven politischen Zeit gemacht, jedoch haben wir uns immer nach bestem Wissen und Gewissen im Rahmen der Verfassung bewegt.
Ich war und bin entsetzt darüber, mit welcher Unverfrorenheit die Koalitionsparteien – also auch meine Partei – im letzten Jahr mit der Budgetbeschlussfassung bewusst und völlig ungeniert aus reinem wahltaktischem Kalkül die österreichische Bundesverfassung gebrochen und damit eine rechts- und staatspolitische Demarkationslinie überschritten haben. Daher unterstütze ich mit vielen anderen BürgerInnen den Vorschlag, dass zumindest die Hälfte der Abgeordneten zum Nationalrat und zu den Landtagen in einer Persönlichkeitswahl mit absoluter Mehrheit in ihren Wahlkreisen gewählt werden. Damit haben auch die BürgerInnen und nicht nur die Parteizentralen ein Mitspracherecht bei der Auswahl unserer ParlamentarierInnen.

Dr. Wolfgang Gmachl

Demokratie und Rechtsstaat erodieren schleichend in Österreich. Eindrücke davon und Beispiele dafür aus kurz zurückliegender Zeit greift Wolfgang Radlegger auf. Mit seiner reichhaltigen Erfahrung zeichnet der homo politicus Ereignisse und Entwicklung wortreich in Bilder und setzt sie stets in größere Zusammenhänge – politisch wie historisch. Dabei schont er die politischen Parteien nicht, auch nicht die SPÖ, der er seit vielen Jahrzehnten angehört. Aber Radlegger belässt es nicht bei der Analyse, sondern fordert politisches Handeln: „Empört euch nicht nur, sondern steht auf und mischt euch ein!" ist in und zwischen den Zeilen zu lesen.

Dr. Christian Burtscher

Ein Anstoß zum Tun

„Wir sollten uns endlich darauf verständigen, dass die notwendigen, unverzichtbaren Reformen in allen politischen Bereichen eines voraussetzen: die Demokratisierung dieser Gesellschaft, die Herstellung einer parlamentarischen Demokratie. Eine solche existiert nämlich nicht." (Voggenhuber 2010, S. 243) So kritisch äußerte sich Johannes Voggenhuber in seiner Rede zur Regierungserklärung im Wiener Parlament am 19. 12. 1990. Was ist in der Zwischenzeit geschehen?

Viel Kritisches zum „Politischen" ist gedacht und geschrieben worden in den letzten Jahren – berechtigt und begründet. Doch verändert hat sich fast nichts. Es bedarf offensichtlich erst eines Rücktritts (wie jenes von Vizekanzler Pröll), um die Einsicht und die richtigen Worte zu finden: *Anstand* und *Stillstand*. Vielleicht gibt erst der Abschied aus Ämtern die Freiheit zu denken, was man sagen will, und zu sagen, was man sich schon oft gedacht hat. „Wie soll ich wissen, was ich denke, bevor ich höre, was ich rede", ist vielfach Leitsatz politischer Rede geworden.

Kann der Glaube an *Anstand* – als selbstverständliche Voraussetzung und nicht als erstaunt verliehenes Prädikat politischen Handelns – nach den Skandalen der letzten Jahre von den Menschen noch erwartet werden? Der täglich wahrgenommene *Stillstand* wird erst zur Bewegung, wenn Korruptionsfälle und international registrierte Schwachpunkte keine Wahl mehr lassen. Scheinaktivitäten, Versprechungen, gegenseitiges Beäugen und Blockieren als Reaktion – bis zum nächsten Mal. Anstöße zur Veränderung belästigen dabei die Verantwortlichen, sie erschüttern nicht. Vorläufig!

Wollen wir zuwarten, bis die politischen Erdbeben einen Grad auf der Wählerskala erreicht haben, wo die Schäden irreparabel werden? Verniedlichen wir Zustände wie in unserem Nachbarland Italien, wo maßgeschneiderte Gesetze die notwendige Parlamentsmehrheit finden, um einen skandalgebeutelten Premier vor Strafverfolgung zu schützen? Dass es so weit kommen konnte, hatte mit der Erosion des politischen Nachkriegssystems und seinen Sitten zu tun, das zur Implosion von Christdemokraten und Sozialisten führte. Korruption, mafiöse Zustände sind dem Land jedoch erhalten geblieben und haben mit den Skandalen Berlusconis eine fragwürdige Ergänzung erfahren, die außerhalb des eigenen Landes nur noch Kopfschütteln auslöst. Doch die vier Referenden Mitte Juni 2011 könnten in unserem Nachbarland eine Götterdämmerung einleiten, denn eine ungewöhnliche Mobilisierung der Zivilgesellschaft hat einer regierungsfreundlichen Medienmacht getrotzt und Berlusconi seine Grenzen aufgezeigt. Nicht die Könige, die ArbeiterInnen waren es, die den Thron ins Wanken gebracht haben.

Nach rechts führt der Weg, den Europa scheinbar geht

An die Entwicklung in Italien schließen sich Fragen an, die uns ÖsterreicherInnen selbst betreffen: Ist die Statik unseres politischen Gebäudes tatsächlich so ausgelegt, dass seine Nachkriegssäulen, bestehend aus Großkoalitionären, Verbänden und Sozialpartnern, zwar immer mehr Sprünge bekommen, aber es trotzdem vor dem Einsturz bewahren? Wie groß ist noch das Vertrauen seiner BewohnerInnen und wie lange wird es anhalten? Ein führender Politiker der derzeitigen Koalition hat dazu in einer Diskussionsrunde gemeint, dass die ÖsterreicherInnen im Grund genommen keine Veränderung wollen, und daran halte man sich auch. Stillstand gar als Strategie und nicht als Ausdruck von Reformunfähigkeit?

Sind nicht schon jene „Sanierungsspezialisten" im Anmarsch, die die scheinbar einfachen und noch dazu billigen Lösungen anbieten und an den „Hausverstand" appellieren? Also: keine neuen Mieter, eine strengere Hausordnung, möglichst nicht auf die Nachbarn achten, Feuchtstellen verputzen statt trockenlegen, den Rasen gleichmäßig schneiden – Wildwuchs stört, und was Unkraut ist, das bestimmen wir. So lässt es sich wieder gut wohnen im Hause Österreich, sagen sie. Und wem es nicht passt, soll doch ausziehen oder sich zumindest unauffällig verhalten. Gute Nacht!

In Ungarn wurde vor nicht allzu langer Zeit eine Verfassung beschlossen, deren Präambel eine Rückkehr ins 19. Jahrhundert verheißt. Von verordnetem Nationalstolz und heiliger Stephanskrone als ungarischem Selbstverständnis ist da die Rede. Wichtige Gesetze können ab sofort nur mehr mit Zweidrittelmehrheit beschlossen werden; damit wird ein rückwärtsgerichtetes System für die Zukunft in Beton eingegossen. Fast selbstverständlich, dass mit einem Schlag die Rechte der Verfassungsrichter und die Budgethoheit des Parlaments und schon vorher die Medienfreiheit beschränkt werden. So werden Nervenbahnen der Demokratie lahmgelegt. Zugleich wird der Versuch unternommen, Teile der jüngeren Geschichte Ungarns umzuschreiben. So wurde kürzlich der Direktor des Budapester Holocaust-Zentrums entlassen, was den Streit um die Beteiligung Ungarns an den NS-Verbrechen neu entfacht hat.

Die jüngste offizielle Attacke auf die Holocaust-Gedenk- und Forschungsstätte kam vom zuständigen Staatssekretär für Justiz und öffentliche Verwaltung, der in einem Interview erklärte, man müsse eine „Neubewertung" der Narrative der Dauerausstellung „Von der Rechtlosigkeit bis zum Völker-

mord" vornehmen. Im Leserforum des „Standard" vom 30. 5. 2011 schreibt Marta S. Halpert dazu: „Dabei geht es ihm vor allem um die Rolle von Reichsverweser Admiral Horthy, der auch als Nationalheld dargestellt werden soll, da er im Juli 1944 die Transporte stoppen ließ und so einen Teil der jüdischen Bevölkerung von Budapest rettete. Die Fakten: Zwischen April und Juli 1944 waren schon mehr als 400.000 Juden deportiert worden. Als Horthy bei Hitler ein Ausscheren der Magyaren aus dem Kriegsbündnis verhandeln wollte und scheiterte, widersetzte er sich dem deutschen Befehl – vor allem aufgrund des internationalen Drucks, u.a. aus Schweden, den USA und dem Vatikan."

Wer jetzt noch nicht erkennen will, wohin sich Ungarn seit der letzten Wahl bewegt (Einschränkung der Medienfreiheit – Beschneidung der Parlamentsrechte – Abstriche beim Verfassungsgerichtshof – Umschreibung der

Geschichte – was kommt noch?), verweigert die Realität. Wahrscheinlich verschanzt man sich hinter den höheren Regeln der Diplomatie und murmelt höchstens im kleinen Kreis mit besorgter Miene Unverbindliches. Hier sind klare Worte gefordert, sowohl von Österreich als auch den europäischen Instanzen.

Nach der Wahl 2010 jubelte Strache, Ungarn könnte Vorbild für ganz Europa werden. Wer von den politisch Verantwortlichen hat dagegen gehalten? Wer hat diesem billigen Populisten mit ausgeprägtem Hang zum Gewöhnlichen klargemacht, dass wir gerade ein solches Europa nicht wollen? Ein Europa, in dem Antisemitismus und Roma-Hetzen, Abwehr des „Fremden", Medienzensur als Waffe gegen Meinungsvielfalt, paramilitärische Aufmärsche von Schutztruppen und bornierter Nationalismus fröhliche Urständ feiern würde. Ein Europa, wo das Rad der Zeit zurückgedreht werden soll, weil man sich nach der „guten alten" sehnt. Hört ihr nicht die falschen Signale?

Das „Wahre" auf dem Vormarsch

In Finnland fanden im Frühjahr 2011 Wahlen statt, die die politische Landschaft veränderten. Unbestrittener Wahlsieger ist eine Partei, die in ihrem Namen verspricht, das „Wahre" zu vertreten. Abgestraft wurden vom Wähler die bisherigen „Groß"parteien für ihre Parteienfinanzierungsskandale, für einen Einheitsbrei von Liberalen, Konservativen und Sozialisten, angereichert wurde der Wahlkampf mit Polemiken rund um die Euro-Stabilität, überbordende Defizite in Südeuropas Staatshaushalten, zu geringe Mitwirkungsmöglichkeiten der WählerInnen am politischen Geschehen und – wen wundert es – die AusländerInnen im eigenen Land.

„Alt-Parteien sind lernunfähig", meint Walter Friedl im „Kurier" vom 18. 4. 2011, denn WählerInnen wollen Klartext, keine Worthülsen. „Fest steht aber", so Friedl, „dass die etablierten Parteien nicht zu knapp Mitschuld tragen an diesen Entwicklungen. Der verklausulierte Polit-Sprech ist gleichermaßen allgegenwärtig wie unerträglich. […] das permanente Schielen auf Umfragewerte raub[t] der Politik die Substanz. Die ‚Alt-Parteien' sind austauschbar geworden." Friedl meint allerdings nicht, dass die etablierten Parteien obsolet geworden sind: „Sie müssen sich nur ihrer Wurzeln besinnen und kantige Politik präsentieren. Demokratie lebt vom Widerstreit von klaren Konzepten. Gibt es die nicht, ist sie wirklich in Gefahr."

Ungarn und Finnland sind zwei Beispiele, wohin der Weg führen kann. Die Welle des Rechtspopulismus schwappt nämlich über ganz Europa: Norwegens „Fortschrittspartei", die „Schweden-Demokraten", Dänemarks „Volkspartei", Geert Wilders in Holland, der „Vlaams Belang" in Belgien, die „Nationale Front" in Frankreich, Blocher in der Schweiz. Alle geboren aus dem Unbehagen der Bürger über das, was tradierte politische Systeme im Angebot haben. Auch Osteuropa verfügt mit Serbiens Radikalen, der „Slowakischen Nationalpartei" und Bulgariens „Ataka" über ein beträchtliches rechtspopulistisches bis radikales Potential; von den fragwürdigen Demokratien in Weißrussland, der Ukraine und Russland gar nicht zu sprechen.

Europa – das Fremde vor der Haustür

Wer kann heute wirklich sagen, welche Antworten die WählerInnen Griechenlands und Spaniens parat haben, wenn der Abstimmung mit den Füßen jene an den Wahlurnen folgt? In Portugal wissen wir es bereits: Den Sozialisten folgen wieder einmal die Konservativen, gleich einem Pendelschlag ohne Wirkung auf die Uhrzeit. Ausgerechnet sie, die von der Zerrüttung der Staatsfinanzen am meisten betroffen sind (abgesehen von Irland, wo die Ursachen allerdings einem überbordenden, unkontrollierten Finanzkapitalismus zuzuschreiben sind), hatten im nichtkommunistischen Europa bis vor vier Jahrzehnten unter Militärdiktaturen zu leiden. Erst Francos Tod, die Nelkenrevolution und der Zusammenbruch des Obristenregimes nach dem Zypernabenteuer beendeten Zeiten brutaler Diktatur. Überbordende Verwaltungssysteme, Vetternwirtschaft, Korruption haben sich jedoch hinübergerettet in die Zeiten junger Demokratien. Die darauffolgenden Wahlen brachten Regierungen, in denen sich im Wesentlichen Konservative und Sozialisten in der Führung abwechselten und dem jeweiligen Vorgänger die Schuld an allem Übel gaben; die Systemschwächen blieben jedoch erhalten.

Haben jene, die heute lautstark das „Abkoppeln" solcher Staaten vom reichen Mittel-, Nord- und Westeuropa einfordern, schon einmal darüber nachgedacht, welche Destabilisierung des ganzen Kontinents die Folge sein könnte? Neue Grenzen in Europa samt einem Prozess der Entsolidarisierung können wohl nur diejenigen verlangen, deren Begrenztheit schon in eigenen Kopf beginnt.

Solchen begrenzten ZeitgenossInnen sind Hans Magnus Enzensbergers liebevolles „Ach, Europa“, sein kritisches Essay „Sanftes Monster Brüssel“, Karl-Markus Gauß’ empathische Einblicke ins Minderheitenleben, Paul Lendvais melancholisches, analytisch-kritisches „Mein verspieltes Ungarn“, Claudio Magris’ grenzübergreifendes „Die Donau“, um nur einige von vielen Beispielen zu nennen, ebenso fremd wie ihnen das Denken der „Kronen Zeitung“-LeserbriefschreiberInnen vertraut geworden ist. Ich weiß, dass es als arrogant gilt, so zu urteilen, aber wenn ich mir die Ratschläge der selbsternannten Europa-ExpertInnen in den Leserbriefspalten des Boulevards vergegenwärtige, dann platzt mir der Kragen.

Ach ja, da gäbe es eine Regierung, deren Mitglieder die Mittel, die sie sich großzügig im Budget für sogenannte Öffentlichkeitsarbeit als vordergründige Selbstdarstellung genehmigt haben, ausnahmsweise einmal für das Europa als Friedens- und Stabilitätsprojekt, für das Europa der reichen Kulturen, das Europa der bestehender Vielfalt in einer erstrebten Einheit, für das Europa eines großen politischen Entwurfes verwenden könnten.

Aber wie soll man sich die Verbreitung einer positiven Europa-Stimmung erwarten, wenn das österreichische Mitglied in der Europäischen Kommission nur mehr dann Zeitungsspalten füllt, sobald es um Plagiatsvorwürfe bei seiner Dissertation geht. Ciao, Gio, fällt mir dazu nur mehr ein.

Einem nie wirklich dementierten Gerücht zufolge haben wir diese Besetzung der Tatsache zu verdanken, dass Bundeskanzler Faymann die parteikonforme Bestellung des ORF-Generaldirektors wichtiger war als die Repräsentanz in Europas Regierung. Wenn es schon nicht stimmen sollte, ist es jedoch angesichts der „vornehmen Zurückhaltung“ des Bundeskanzlers zu europäischen Themen (außer wenn es um die „Finanzmafia“ und die „Atomlobby“ geht) gut erfunden.

Und die europäischen ParlamentarierInnen aus unserem Land? Welche kennen wir, von welchen wissen wir? Ja, der Sozialdemokrat Swoboda soll sehr angesehen sein in der europäischen Fraktion, hören wir, der ÖVPler Karas ist vom braven Buben mit viel Sachverstand zu einem kämpferischen Störenfried geworden, erleben wir, Lunacek von den Grünen hat sich vergeblich um höhere Ehren beworben, registrieren wir, von den vielen Flecken des Saubermanns Martin lesen wir, Video-Strasser hängen wir, FPÖ-Mölzer meiden wir, und den Rest kennen wir – eben nicht. Hol- und Bringschuld halten sich dabei die Waage.

Ja und Voggenhuber, den klugen Unbequemen, den Abstimmungs-Saulus, der zum überzeugten Europa-Paulus geworden ist, den vermissen wir – nicht nur ich. Wo bleibt ihre Stimme im österreichischen Parlament, wenn es um Europa geht? Sie kann nicht gehört werden, weil sie ihnen bisher versagt geblieben ist.

Europa-Bashing

Europa-Bashing mit dem Schläger in der rechten Hand, das kommt immer gut an in den Bierzelten und an den Stammtischen, wo die einfachen Rezepte ausgetauscht werden und man alles ganz genau weiß, weil man eben nichts weiß von der Situation Europas. Bedauerlicherweise bleiben auch im Arbeitsprogramm der Regierung (Ende Mai 2011 unter dem Titel „Österreich weiterbringen" auf einer Klausur präsentiert) von 92 Punkten nur drei Kapitelchen der EU vorbehalten (das sind 3,3 Prozent des „Gesamtkunstwerks"). Diese lauten:

- „EU-2020-Strategie (laufend): Österreich wird einen Schwerpunkt auf Bildung und Wissenschaft legen und verpflichtet sich im Rahmen der Strategie, den Anteil an tertiären Bildungsabschlüssen bis 2020 von 31 auf 40 Prozent zu erhöhen."
- „Follow-up-Prozess und Aufarbeitung der Schengen-Evaluierung (Sommer 2011): Mit der Schengen-Evaluierung wird die Sicherheit an den EU-Außengrenzen erhöht und das Sicherheitsgefühl der EU-Bürger gestärkt."
- „Anti-Atom-Aktionsplan der Bundesregierung (laufend): Gründung der Anti-Atom-Allianz auf europäischer Ebene. Ziel: Raus aus Atom. Rein in Erneuerbare. Für eine saubere Zukunft unserer Kinder".

War das wirklich alles, fragt man sich und blättert neuerlich. Ja, das war es.

Kein Wort zum „Rettungsschirm", zur „Schuldenkrise", zur „Euro-Stabilität", zur EU-Erweiterung auf dem Balkan, um nur die aktuellsten Themen zu nennen. Hat das alles keinen Platz im Regierungsprogramm oder will man einfach nicht Stellung beziehen?

Aber auch das Wenige, was angekündigt wird, wirft vor allem Fragen auf:

- Wie, vor allem mit welchen Mitteln, will man den Anteil der „tertiären Bildungsabschlüsse" in neun Jahren um fast ein Drittel erhöhen?
- Wieso stärkt eine „Schengen-Evaluierung" das Sicherheitsgefühl der EU-Bürger? Und welche Haltung nimmt Österreich gegenüber neuen Grenzbalken etwa in Dänemark, ein?

❨ Schon sprachlich bewertet ist das Kapitel zum Thema „Anti-Atom-Allianz" an Dürftigkeit und entlarvender Schlichtheit nicht zu überbieten und unterstreicht den „Schlagwortcharakter" des ganzen Papiers. Peinlich, wenn eine Regierung sich nicht Zeit und Raum gibt, eine derart fundamentale Thematik ordentlich auszuformulieren.

„Raus aus Atom. Rein in Erneuerbare." Etwas derart Peinliches erinnert mich an Fernsehwerbung („Zwingt Flecken raus und Frische rein"). Es kommt noch schlimmer, wenn nämlich all diese Anstrengungen „Für eine saubere Zukunft unserer Kinder" unternommen werden. Entlarvender könnten die schlagzeilenhaften Anstrengungen einer Regierung nicht formuliert sein, deren Chef am Rande dieser Klausur verspricht, man werde „fleißig" an der Umsetzung arbeiten. Man muss angesichts dieser Erfahrungen nachgerade dankbar sein, dass Europa ansonsten aus den Regierungsambitionen ausgespart bleibt.

Viel interessanter ist der Diskurs, den der Deutsche Hans Magnus Enzensberger mit seinem Essay „Sanftes Monster Brüssel oder Die Entmündigung Europas" belebt. Bei aller Kritik ruft Enzensberger etwas in Erinnerung, was als das Wichtigste am heutigen „Europa der 27" gewertet werden muss: „Es gibt nur wenige Jahrzehnte in der Geschichte unseres Erdteils, in denen der Friede geherrscht hat. Zwischen den Staaten, die der Europäischen Union angehören, ist es seit 1945 zu keinem einzigen bewaffneten Konflikt mehr gekommen. Fast ein ganzes Menschenalter ohne Krieg! Das ist eine Anomalie, auf die dieser Kontinent stolz sein kann." (Enzensberger 2011, S. 7) Wenige Länder waren dem blutigen Schlachten zwischen den Jugoslawien-Nachfolgestaaten so nahe wie Österreich. Erinnern wir uns noch an die Panzer, die an der österreichisch-slowenischen Grenze aufgefahren sind?

Sicherlich gibt es einiges zu kritisieren an den Brüsseler Instanzen und das manchmal zu Recht, aber was zählt schon so mancher bürokratischer Auswuchs gegen das Friedensprojekt? Alles in allem hat uns ÖsterreicherInnen die EU-Erweiterung weit mehr Chancen für zusätzliche Arbeitsplätze und Wirtschaftswachstum gebracht als Bedrohungen durch angeblich hereindrängende Firmen und billige Arbeitskräfte. Und diese Chancen sind auch genützt worden, weil Gott sei Dank jene Menschen in der Überzahl sind, die Probleme lösen, statt sie zu machen. Wenn wir schon wenig Grund haben, auf diese Regierung stolz zu sein (ich wäre es sehr gerne, aber mir fehlen die Gelegenheiten dazu), dann um so mehr auf die Leistungen jener Generationen, die nach dem Krieg Österreich zu einem der reichsten Länder weltweit gemacht haben.

Quo vadis Österreich?

Wollen wir ÖsterreicherInnen angesichts dieser Entwicklungen erstarren, wie das Kaninchen vor der Schlange oder sind nicht die Wahlerfolge eines publicitysüchtigen Baumeisters bei einer Bundespräsidentenwahl, eines undurchsichtigen Populisten bei den EU-Wahlen oder einer „Sozialen Heimat"-Partei, deren Programm sich auf simpel-populistische Nenner reduzieren lässt, Anstoß genug, sich zu besinnen und zu handeln?

Kein europäisches Thema ist den einheimischen Marktschreiern dabei zu billig, um daraus nicht politisches Kapital zu schlagen. Hans Rauscher bringt es im „Standard" vom 17. 5. 2011 auf den Punkt, indem er den Bogen von Griechenlands Krise zu Kärnten schlägt, das „de facto pleite" und „ohne die Haftung von übergeordneten Institutionen" insolvent sei. „Kärnten wurde unter Beifall der Bevölkerung von Jörg Haider und seiner Partei ruiniert", so Rauscher. „Aber jetzt tritt Heinz-Christian Strache ausgerechnet in Klagenfurt auf, umringt von den alten Haider-Kumpanen, und erklärt: ‚Kein Cent mehr für die Griechen, denn wir brauchen das Geld für unsere Probleme!' Sehr richtig: Wir brauchen viel Geld, um den Schaden auszugleichen, den Straches Kärntner Griechen angerichtet haben."

Was in Rauschers Artikel gar nicht erwähnt wird, ist die Tatsache, dass es die Schüssel-Regierung unter FPÖ-Beteiligung war, die beim EU-Gipfel am 19. und 20. 6. 2000 in Portugal der Einführung des Euro in Griechenland zugestimmt hat. Korrekterweise muss hinzugefügt werden, dass Griechenland den Beitritt zum Stabilitäts- und Wachstumspakt (Maastricht-Kriterien) nur auf Grund gefälschter Zahlen erreichte, die offensichtlich niemand geprüft hat. Doch die Könige und nicht die Arbeiter, um Brechts Worte abzuwandeln, sind für diesen Schwindel verantwortlich.

Für Strache, den ökonomischen Minimalisten, ist die Lösung ganz einfach: Die Griechen faulenzen in ihrer Hängematte und zählen Euro-Bündel. Die Schlussfolgerung ist ebenso klar wie schlicht: Entweder die Griechen verlassen die Euro-Zone und schauen selbst, wo sie bleiben, oder Österreich verlässt die Euro-Zone. Wenn er dann noch in der dritten Person von seiner Kanzlerschaft spricht und die oberste Priorität nennt, klingt das so: „Der erste Schritt wäre mit einem Bundeskanzler Strache, sofort mit der Europäischen Union in konkrete Verhandlungen zu treten und klarzumachen, wir können die EU-Beiträge nicht mehr zahlen. Wir brauchen dieses Geld für eigene Notwendigkeiten." („Der Standard", 14. 6. 2011). Gott schütze Österreich.

Mit solchen „starken“ Sprüchen, die an Stammtischen Eindruck machen mögen, werden wir nicht weit kommen, geschweige denn etwas erreichen. Aber ebenso fatal wäre es, Schönfärberei zu betreiben und zu verschweigen, dass sich die EU, ausgelöst durch internationale Finanzspekulationen und die Täuschungsmanöver griechischer Politiker, in einer äußerst prekären Lage befindet, in der es gilt, kühlen Kopf zu bewahren, um sachgerechte Lösungen zu finden. Dem ist hinzuzufügen, worüber Enzensberger in seinem Essay „Sanftes Monster Brüssel“ schreibt, nämlich die Tatsache, dass Spekulation zu den Geschäftsgrundlagen des Kapitalismus zählt: „Die Spekulanten testen den Markt auf seine Schwachstellen, sie reagieren auf die Zunahme der politisch verursachten Staatsverschuldung; sie schätzen die ökonomischen Ungleichgewichte ab, die aus der Fehlkonstruktion der Wirtschaft- und Währungsunion folgen [...]. Dass ihr Vorgehen das Euro-System bedroht, wissen sie. Aber wer, wie die besten Adressen der Finanzindustrie, dessen Dilemma zu nutzen weiß, kann mit hohen und risikolosen Gewinnen rechnen.“ (Enzensberger 2011, S. 48)

Es wäre schön, wenn wir mit Klarheit wüssten, wie am besten gegengesteuert werden kann. Jedoch eines wissen wir mit Sicherheit: Einfache Strickmuster nach Straches Zuschnitt bringen uns der Problemlösung keinen Schritt näher, denn Gauklerei ist kein Rezept zur Gesundung der europäischen Finanzen.

Noch einmal zurück zu den Kärntner Griechen und ihren blauen Frontmännern. Hans Rauscher verdeutlicht die möglichen Folgen eines Hypo-Bankencrashs anhand der Aussage des ehemaligen Finanzministers vor dem Kärntner Untersuchungsausschuss. Pröll habe dort bestätigt, „dass die Kärntner FPÖ-Partie mit der umnachteten Kärntner ÖVP beinahe das Bundesland Kärnten und den Staat Österreich in eine Finanzkrise getrieben und beinahe einen europäischen Bankencrash ausgelöst hätten. [...] Die Folge eines Zusammenbruchs der Hypo (ohne Notverstaatlichung) wäre, so Pröll, ‚die größte Bankenpleite in der Geschichte Europas gewesen. [...] Das Ganze hatte eine europäische Dimension, nicht umsonst haben sich die Nationalbank, Finanzmarktaufsicht und auch die Europäische Zentralbank massiv eingeschaltet.‘“ Und Rauscher resümiert: „Wer eine Ahnung von Finanzwirtschaft hat und die Geschichte des großen Bankencrashs von 1931 kennt, weiß, dass Pröll nicht übertreibt. Das passiert, wenn man Freiheitliche an echte Verantwortung lässt.“ („Der Standard“, 16. 6. 2011)

Kann man solchen Leuten das Land überlassen?

FPÖ – die dritte Kraft, die zur ersten wird?

Jene Partei, die man ursprünglich das „dritte Lager" genannt hat, weil Lagerdenken die Politik beherrschte, und die später zur „dritten Kraft" mutierte, schickt sich also, zumindest Umfragen gemäß, an, zur ersten zu werden. Manche, so wie ich, empfinden das als gefährliche Drohung, wiederum andere sehen darin die Lösung der Probleme, mit denen wir uns im politischen Alltag auseinanderzusetzen haben.

Grund genug also, sich etwas intensiver damit zu beschäftigen, was diese sagt, vor allem aber, was sie nicht sagen will. Jener Recke, der dem blauen Fähnlein voranschreitet, spricht von der „sozialen Heimatpartei", die Heilung in allen Lebenslagen der ÖsterreicherInnen verspricht. Die erste Frage, die sich mir stellt: Ist es schon aufgefallen, dass es von „heimatsozial" zu „nationalsozialistisch" ein sprachlich und bildlich kurzer Weg ist, der von der deutschen NPD abgekupfert wurde? Für die FPÖ gilt selbstverständlich die Unschuldsvermutung, die sie bereits für viele ihrer (ehemaligen) Funktionäre in Erbpacht genommen hat und die jeden Anschein von geistiger Wiederbetätigung ausschließt. Verbale Grenzgängerei kann doch in einer Zeit, in der die Grenzen geografisch gefallen sind, nicht strafbar sein.

Aber einige Fragen dürfen wir dennoch stellen: Wollen Sie von einem Abgeordneten vertreten werden, der einen Schwarzafrikaner als „Kanaken" bezeichnet? Halten Sie es für angemessen und nicht beleidigend, wenn eine Abgeordnete Mohammed als epileptischen Kinderschänder diffamiert? Akzeptieren Sie, wenn ein Gemeinderat ein Tattoo mit den Worten „Blut und Ehre" (dem Motto der Hitlerjugend) auf seinem Arm trägt? Finden Sie es richtig, wenn der Aufhebung der Hitler'schen Ehrenbürgerschaft von einer Gemeindefraktion die Zustimmung verweigert wird? Sind drei gespreizte Finger der rechten Hand tatsächlich die gebräuchliche Form, ebenso viele Biere zu bestellen? Haben Wehrsportspiele wirklich mit „Paintball" zu tun? Finden Sie es lustig, wenn im Internet auf Minarette geschossen wird? Ist 88 nur eine Zahl oder möglicherweise darin „Heil Hitler" (H = achter Buchstabe im Alphabet) versteckt? Ist die Bauchtätowierung „Ehre-Traue-Vaterland" in Verbindung mit dem Bundesadler wirklich ein Bekenntnis zu Patriotismus und Demokratie? Ist das Leugnen des Holocaust und der Existenz von Gaskammern (bis vor wenigen Jahren von bestimmten Kreisen so interpretiert) durch das Recht auf freie Meinungsäußerung gedeckt? Ist der Vorwurf der Deutschtümelei absurd und unberechtigt, wenn Österreich als ein Teil der deutschen Sprach- und Kulturgemeinschaft bezeichnet wird? Bekennen Sie sich auch, wie ein steirischer Landesrat, zu einem „germanischen Freiheitswillen“? Gehört für Sie Südtirol noch immer zu Tirol und sind Sie auch der Meinung, dass die Wiederherstellung der historischen Landeseinheit für jeden österreichischen Politiker ein selbstverständliches Ziel sein müsste? Gefallen Ihnen ins Ohr gehende Reime wie „Daham statt Islam“, „Pummerin statt Muezzin“, „Abendland in Christenhand“? Ist ein Comic im Wahlkampf zu verantworten, wo ein Bub von einem Mann (der unschwer als H.C. Strache zu erkennen ist) dazu aufgefordert wird, mit der Steinschleuder auf „Mustafa“ zu schießen? („Wennst dem Mustafa ane aufebrennst, kriagst a Hasse spendiert!“ Was dieser prompt tut: „Leiwand, voll aufs Nudelaug! I nimm a Burenhäutl mit an siaßen Senf und an Buckl, H.C.“)

Wenn also all das Ihre Zustimmung findet, kann ich Ihnen nur dringend empfehlen, die FPÖ zu wählen. Wenn Sie allerdings die Wahlkampfparolen und Comics als widerwärtig und primitiv empfinden, Südtirol gerne als Gast erleben, sich allerdings nicht der Lächerlichkeit preisgeben wollen, die Aufhebung von Hitlers Ehrenbürgerschaften als richtigen symbolischen Akt unterstützen, Deutschtümelei ablehnen, „Ehre und Treue“-Tattoos als eine Art Wiederbetätigung betrachten, die größten Verbrechen der Menschheitsgeschichte auch als solche benennen (Stalin, Mao und wie sie alle heißen, jedoch nicht vergessen), einen Abgeordneten als unwählbar bezeichnen, der die Pille verbieten, die Todesstrafe einführen und das Waffengesetz liberalisieren will und vor der Überschwemmung mit „Aids-verseuchten Neger-Asylanten“ warnt, wenn Sie also geistige Umweltverschmutzung Marke Königshofer (Abgeordneter zum Nationalrat) ablehnen, dann wählen Sie alles, nur nicht die FPÖ. Denn man kann derartiges nicht beiseite schieben, nur weil das eine oder andere Sachargument durchaus vernünftig ist.

„Wir müssen jetzt tapfer sein“, schwor Straches Stellvertreterin Barbara Rosenkranz die Parteigetreuen am Parteitag 2011 auf soldatische Tugenden ein. Von einem „Stahlbad“, das die Freiheitlichen durchwandern, war martialisch die Rede, und Johann Gudenus, neuer Strache-Stellvertreter, führt sich gleich einschlägig ins Amt ein: „Österreich gehört uns Österreichern und sonst niemanden auf der Welt. Diese Zuwanderungsgeilheit gehört abgeschafft. Wir werden diesem Spuk ein Ende bereiten. Hier wird Deutsch gesprochen.“

Um so mehr sie davon reden, tapfer durch ein Stahlbad gehen zu wollen, um dem Spuk ein Ende zu bereiten, um so klarer wird: Politischen BrandstifterInnen muss sich eine gesellschaftliche Feuerwehr entgegenstellen, ehe ein unkontrollierbarer Flächenbrand entsteht. Und dabei werden sie immer forscher, die blauen Kameraden mit den schlagenden Vorposten aus diversen Studentenverbindungen – schon erhebt Strache den Kanzleranspruch. Doch selbst Andreas Mölzer, der Chefideologe, hält seine Partei derzeit nicht für

regierungsfähig. In seinem Internet-Blog schreibt er in einem Eintrag vom 23. 5. 2011: „Werden sie [die Freiheitlichen, Anm.] dann in der Lage sein, Antworten zu geben, neue Konzepte zu entwickeln und wirkliche Reformen für das Land zu bringen?" Und fügt an: „Was sehr wohl in Frage zu stellen ist, ist die Aussicht auf eine Lösung dieser Probleme durch die Freiheitlichen, sollten diese wirklich in die Verantwortung kommen."

Oslo: für mehr statt weniger Demokratie und gegen eine Sprache der Gewalt

Noch einmal: Politischen BrandstifterInnen muss sich eine gesellschaftliche Feuerwehr entgegenstellen, ehe ein unkontrollierbarer Flächenbrand entsteht. Im Juli 2011 ist in Oslo der furchtbare Zündsatz, bestehend aus einem tödlichen Gemisch von Fremdenhass, christlichem Fundamentalismus, Abscheu vor multikultureller Vielfalt, Weltverschwörungstheorien, Islamphobie, Furcht vor marxistischer Machtergreifung und extremer Gewaltbereitschaft explodiert.

Natürlich ist es jetzt – Ende Juli 2011 – zu früh, um im Zustand des allgemeinen Schocks die schnellen Erklärungen für Unfassbares zu liefern, und natürlich ist es unzulässig, Rechtsparteien in Europa, also auch die FPÖ, dafür unmittelbar verantwortlich zu machen. Aber es wäre ein Moment der Besinnung, der Nachdenklichkeit und der Achtung vor den Opfern, wenn ein Zurücknehmen der Sprache der Gewalt stattfände. Sie ist einer der Samen auf jenem vergifteten Humus, der paranoides Unkraut gedeihen lässt und im schlimmsten aller denkbaren Fälle Massenmörder hervorbringt.

Türkenbelagerungs-Comics mit Bezug zur Gegenwart, Schießspiele mit Minaretten als Ziele oder Religionsgründer als angebliche Kinderschänder tragen zu einer Verrohung bei, die den Rechtsextremismus-Experten im Dokumentationsarchiv des österreichischen Widerstands, Heribert Schiedel, im „Kurier" vom 26. 7. 2011 zur Schlussfolgerungen kommen lässt, dass Angstmache und Weltuntergangsszenarien sicher nicht allein der Auslöser von Amokläufen seien. Aber wenn derartige Hetze auf Paranoia treffe, sei das der Tropfen, der das Fass zum Überlaufen bringt.

Da wird man wohl die Frage stellen dürfen, welcher Nährboden in Österreich bereitet wird. Einsicht, die nicht einem Schuldeingeständnis gleichkommt, jedoch Sprach-Vorsicht gelobt und Gefühls-Rücksicht nimmt, wäre meines Erachtens die anerkennenswerte und auch angemessene Reaktion österreichischer Rechtspopulisten. Zur Schau gestellte Erschütterung über das Geschehene, Anteilnahme für die Betroffenen, Zurückweisung von Gewalt sind wohl selbstverständlich, gleichen jedoch einem Pontius Pilatus, der seine Hände in Unschuld wäscht. Da fällt mir das FPÖ-Plakat „Abendland in Christenland" zur EU-Wahl 2009 ein. Oder Strache, der Wiedereintreter, mit dem Kreuz, vorgestreckt in rechter Hand.

Der norwegische Ministerpräsident hat in seiner ersten öffentlichen Reaktion das ausgesprochen, was Staatssekretär Espen Barth Eide in einem „Standard"-Interview am 26. 7. 2011 präzisiert hat: „Demokratie ist der beste Weg, solchen Weltanschauungen zu begegnen. Und eine offene, tolerante, einschließende Gesellschaft". Natürlich muss es auch eine wachsame, sich zur Wehr setzende Gesellschaft sein, aber ebenso eine Gesellschaft, die dabei die eingesetzten Mittel und ihre Folgewirkungen abschätzt.

Im September 2011 jährt sich jener furchtbare Terroranschlag zum zehnten Mal, der die ganze Welt in Schrecken versetzt und in den USA zu einer Überwachungshybris geführt hat, die in ihrer skurrilsten Ausformung einer Nonne eine Flugreise verweigerte, weil sie irgendwann einmal an einer Friedensdemonstration teilgenommen hatte und seither als verdächtig galt. Mit dem verständlichen Argument des Schutz- und Sicherheitsbedürfnisses einer demokratischen Gesellschaft muss jedoch eine adäquate Respektierung bürgerlicher Freiheitsrechte einhergehen.

Viktor Hermann schreibt dazu in den „Salzburger Nachrichten" vom 26. 7. 2011: „Der Tenor ist überall der gleiche: Man will mehr Sicherheit schaffen. [...] Man will mehr Möglichkeiten schaffen, Bürger zu überwachen, in ihr Privatleben Einsicht zu nehmen. Man will immer mehr Daten über immer mehr Menschen speichern und vernetzen. Und man will mehr Strafbestände schaffen".

Es ist nachzuvollziehen, dass Tragödien wie in Oslo Schockzustände auslösen, und es ist geradezu einzufordern, dass die Sicherheitsmechanismen einer Gesellschaft überprüft werden, um die richtigen Konsequenzen zu erkennen, so wie das von Fluggesellschaften und Flugzeugherstellern nach einem Absturz geschieht.

Aber die Wachsamkeit muss sich auch auf jene richten, die in den Sicherheitsapparaten sofort mit einem Maßnahmenbündel zur Hand sind, weil es ihnen beruflich opportun erscheint, ihre im Verborgenen bleibenden Überwachungsmaßnahmen durch eine Erweiterung gesetzlicher Kompetenzen auszudehnen. Wenn Innenministerin Johanna Mikl-Leitner als Antwort auf die Katastrophe in Oslo ein neues „Anti-Terrorpaket" ankündigt, muss die parlamentarische Ermächtigung und Kontrolle der Vollziehung besonders sensibel sein.

Ich komme noch einmal zurück auf den norwegischen Ministerpräsidenten Jens Stoltenberg, der die richtige Antwort auf Gewalt gegeben hat: Sie muss in mehr (und nicht weniger) Demokratie, mehr Offenheit und mehr

Menschlichkeit bestehen. Nicht Naivität, aber auch nicht mehr staatliche Observation und Gängelung, wie Viktor Hermann richtigerweise in seinem SN-Artikel meint.

Und noch etwas: In einem späteren Kapitel befasse ich mich mit den primären Werten, denen sich eine Gesellschaft verpflichtet fühlen sollte und in diesem Zusammenhang mit dem Schicksal des Schulversuchs „Ethik-Unterricht“, dessen Ausdehnung und Einführung in den Regelunterricht wieder einmal am Geld zu scheitern droht. Wäre es nicht auch eine geeignete Antwort auf die Tragödie von Oslo, darüber noch einmal ernsthaft nachzudenken? Wäre es nicht auch ein Zeichen des Respekts vor den Opfern, wenn wir sagen „Ja, wir versuchen daraus das Richtige und Wichtige zu lernen“?

Eine österreichische Zwischenbilanz

Wenn wir es zu einer Kanzlerschaft Straches kommen lassen, sind wir selber schuld. Was also tun?

Es gilt zu handeln. Zu handeln gegen Erstarrung, gegen Skandale, gegen Gleichgültigkeit und für demokratisches, lebendiges Aufbegehren. „Yes, we can“ können auch wir uns sagen – soviel Selbstbewusstsein müssen wir besitzen, statt in Schreckstarre zu verfallen. Denn dann ist das Verfallsdatum vorprogrammiert.

Ich habe versucht, mein Leben lang zu lernen, besonders aus meinen eigenen Fehlern, um sie möglichst nicht noch einmal zu begehen. Dazu hatte ich genügend Gelegenheit. Ich war zwar nie „part of the game“, für Spielarten dunkler Geschäfte waren mir meine Aufgaben zu wichtig und ernst, aber ich war „part of the system“ – Teil des politischen Systems Österreichs. Das ist schon lange her. Ein politischer Mensch bin ich geblieben. Jedoch der Abstand von zwei Jahrzehnten und das damit einherschreitende Alter erlauben es mir, seine positiven Seiten zu schätzen, aber auch seine Schwächen mit einem schärferen Blick zu betrachten.

Die Bilanz, die ich dabei für unser Land erstelle, vefügt über mehr Aktiva als Passiva. Es ist also noch immer beträchtliches Eigenkapital an politischer Substanz vorhanden. Wenn aber die Passiva gesellschaftlichen Unbehagens zunehmen, weil wir nicht vorsorglich Rückstellungen an Vertrauen für die Zukunft schaffen, sondern diese mit wachsenden Verbindlichkeiten belasten, Abschreibungen nicht durch Neuanschaffungen ersetzen und die Aktivposten unserer gesellschaftlichen Bilanz nicht mehr vermehren, so geht das auf Kosten des Eigenkapitals. Ist dieses aber aufgebraucht, so droht der Konkurs – nicht nur im Wirtschaftsleben, sondern auch der „Firma Österreich". Davon sind wir noch weit entfernt, aber wir brauchen qualitatives Wachstum in der Demokratiepolitik, im Bildungsangebot, in der Verwaltungsstruktur, im Gesundheits- und Sozialbereich und letztlich in unserem materiellen wie ideellen Gesamthaushalt.

„Der Durchschnitt ist der Plafond": So titelt der bemerkenswerte Beitrag Gerd Bachers im Sammelband „Was ist faul im Staate Österreich?" Er bezieht sich dabei auf den Roman „Die Stadt der Sehenden" des im Juni 2010 ver-

storbenen portugiesischen Nobelpreisträgers José Saramago: „In einem ungenannten kleinen westlichen Staat beziehen Politiker und Politik eine einmalige Abfuhr: Fast alle bei einer Wahl abgegebenen Stimmzettel sind weiß. Ausnahmezustand bricht aus, die Ämter schließen, die Bevölkerung aber lebt friedlich weiter, als ob die Nichtgewählten niemanden fehlten. Bis die Polizei mit Gewalt antwortet. Österreich kann in dem Roman nicht gemeint sein, denn hier gibt es keine frische Wut. Obwohl (zu) viele Meinungsbefrager ermitteln, dass man in der Zweiten Republik mit der Politik noch nie so unzufrieden war." (Hösele 2010, S. 15) Gerd Bacher wird wohl Recht haben, solange der Stammtisch Epizentrum des Unbehagens bleibt und seine „Lufthoheit" vom Boulevard und dem „gesunden Volksempfinden" samt seinen Laut-Sprechern verteidigt wird. Jener Gerd Bacher also, der immer laut und niemals leise war, wenn es darum ging, Standpunkte zu vertreten (die ich oft nicht geteilt habe), und der selbst Mitte der 1960er Jahre Mitwirkender eines Aufbegehrens war, das es in dieser Stärke vorher und nachher nie mehr gab.

Anlass dafür war der Würgegriff, mit dem die Parteien Österreichs größtes Medienunternehmen drangsalierten. Die Erfahrung daraus war, dass mit einem Volksbegehren Reformen, wenn auch halbherzig und in Folge verwässert, erzwungen werden können. Fast ein halbes Jahrhundert danach scheint die Zeit dafür reif zu sein, daraus die Lehren zu ziehen und zu handeln. Nicht nur beim ORF.

Vielleicht ist Wut auch zu derb und ungezügelt, zu laut und letztlich zu unbeherrscht. Zorn darf sich nicht irreleiten lassen, dann wäre er ein schlechter Ratgeber – er soll die Quelle des Widerstandes sein, aus der Neues geschaffen wird.

Versuchen wir es mit Empörung, die teilhaben will an etwas Neuem, weil das Alte abgelöst gehört und die *res publica* etwas anderes fordert. Bewusst sei hier zuallererst das Thema Bildungspolitik angesprochen.

Bildung ist mehr als Ausbildung

Österreich sei reformunfähig geworden, meinte Hannes Androsch, der Initiator des Bildungsvolksbegehrens, im Rahmen einer Diskussion des Wiener Klub der Wirtschaftspublizisten im Juni 2011. Österreich befände sich auf der Kriechspur, der viele Jahre alte Reformstau werde allmählich unbewältigbar und unser größtes Hindernis zur Bewältigung der Krise. Androsch spricht von einer „Reformresistenz" der Regierung, wobei er die „Zögerlichkeit" bei der Umsetzung notwendiger Reformen verstünde, wenn diese mit politischen Erfolgen verbunden sei. Das schrumpfende Wählerpotential der Koalition zeige aber, dass das nichts bringe. Androsch sieht allerdings die Schuld am Reformstau nicht nur bei Sozialpartnern, Ländern und Regierung, sondern auch bei den BürgerInnen: „Das sind wir auch selber. Wir sind indifferente Lethargiebürger, träge und bequeme Resignationsbürger und obendrein Feig- und Neidbürger". („Die Presse", 7. 6. 2011)

Alle Achtung – da hat uns einer gehörig die Leviten gelesen, wird sich manch einer sagen. Ich selbst bin froh über diese klaren Worte, denn Schönfärberei, Besänftigungsrituale, Beruhigungspastillen und Beschwörungsformeln haben wir schon genügend verabreicht bekommen, wenn es darum geht, Österreichs Befindlichkeit in rosa Farben zu schildern.

Ja, wir sind besser dran als viele andere in Europa, wenn es um Arbeitslosigkeit, Beschäftigung und Wirtschaftswachstum geh. Aber wie ist es etwa um die Bildungschancen unserer Jungen bestellt und was tun wir für die zukünftige Wettbewerbsfähigkeit? So gesehen ist Androsch vollkommen Recht zu geben, wenn er von einem Reformstau spricht.

Bildung ist mehr als Ausbildung: Dies betrifft nicht nur die Bildungspolitik, deren internationales Zeugnis ein „Nicht Genügend" ist. Daher gilt es, Androschs Volksbegehren mit allen Mitteln zu unterstützen, damit sich wirklich etwas bewegt. Bildungspolitik darf sich nicht darauf beschränken, Ausbildungspolitik zu sein, damit der „Output" international wettbewerbsfähig wird. Bildung meint eben nicht nur abfragbares Wissen, sondern gesamthaftes, vernetztes Denken vor einem gesellschaftlich anerkannten Wertehintergrund und ist eine wesentliche Voraussetzung für gesamtgesellschaftliches Selbstbewusstsein, welches seine Vorstellungen über politisches Handeln nicht klammheimlich wünscht, sondern offen begehrt.

Nicht nur wir ÖsterreicherInnen haben einen Hang zu Sekundärtugenden wie Fleiß, Verlässlichkeit, Zielstrebigkeit, Pünktlichkeit, Kompetenz, Loyalität. Diese sind für das Zusammenleben wichtig, aber es muss deutlich werden, dass sie an primären Werten orientiert sein müssen, die in einer Gesellschaft gelten. Denn Sekundärtugenden sind an und für sich neutral, sie sind weder gut noch böse. Es ist nur die Frage, wofür sie eingesetzt werden.

Zivilcourage: ein Verhalten, das nur selten die Politik belästigt

Theodor W. Adorno hat einmal sinngemäß gesagt, dass Auschwitz nicht mehr sei, ist das Allererste an Erziehung. Natürlich hat er in erster Linie das furchtbarste aller Vernichtungslager als solches gemeint, aber nicht nur.

Der Kadavergehorsam im Nationalsozialismus samt der „Banalität des Bösen" wären in dieser Form nicht möglich gewesen, ohne die zur alltäglichen Gewohnheit gewordene Einübung in Anpassung und zivilem Gehorsam in Staat, Gesellschaft und Familie, wie wir sie heute noch oft genug, ja viel zu oft, vorfinden. Dabei bräuchte es doch keines besonderen Mutes, wenigstens etwas

„anders als die anderen“ zu sein, ja vielleicht nur der Überwindung, herauszubrechen aus dem „gesunden Volksempfinden“, das zur Richtschnur von Wohlverhalten geworden ist. Allein an dem, was nach heutigen gesellschaftlichen Maßstäben als „mutig“ bezeichnet wird, kann man im Vergleich zur dunkelsten Zeit unserer jüngeren Geschichte und ihrer Opfer ermessen, wie bequem und kleinmütig wir geworden sind.

ich denke oft an Yad Vashem
an die Allee der Gerechten
so viele Tote
so wenig Bäume

lasst uns gemeinsam die
Toten von gestern
nicht vergessen
und
die Bäume für das Morgen pflanzen

Ich versuche, es nicht nur bei meinen Gedanken zu belassen, sondern auch ein wenig Tun beizutragen, gewissermaßen als Steinchen der Mahnung, des Erinnerns und des Versprechens. 88 ÖsterreicherInnen zählen zu den „Gerechten unter den Völkern“, denen ein Baum gepflanzt wurde, weil sie unter Einsatz ihres eigenen Lebens das Leben jüdischer MitbürgerInnen gerettet haben. An sie denke ich, wenn es darum geht, zu benennen, was mutig sein bedeutet. Sie sind auch ein Beweis dafür, dass zwar am Heldenplatz gejubelt wurde, als die Nazis kamen, aber es auch das „andere Österreich“ gab.

Es wird wohl Adornos Bestreben gewesen sein, dass eine künftige Gesellschaft daraus lernt und das vermittelt, was man als Primärtugenden bezeichnet. Und es war Willi Brandt, der einmal meinte, es seien die deutschen Sekundärtugenden gewesen, die zu Auschwitz geführt haben. Kann man das Nachdenken über den Sinn dieses Satzes den Deutschen überlassen, oder haben wir nicht Grund genug, auch die österreichische Seele zu erforschen, um daraus für uns selbst zu lernen?

Worum es also geht, ist nicht – das sei ausdrücklich betont – Sekundärtugenden wie Fleiß, Verlässlichkeit, Loyalität abzuwerten. Sie haben ihre Bedeutung. Aber sie müssen eingebettet sein in ein gelebtes Wertegefüge, welches Toleranz, Zivilcourage und Sensibilität umfasst. Toleranz, die nicht in Gleichgültigkeit gerinnt, sondern Stellung bezieht, Partei ergreift und Intoleranz als solche brandmarkt. Ist es nicht so, dass couragiertes Auftreten für oder gegen etwas oftmals als Wichtigtuerei, als notorisches Querulantentum bekämpft und als Hanswurstiade lächerlich gemacht wird?

Sensibilität ist hier als Ausdruck von Mitmenschlichkeit und Aufgeschlossenheit gemeint. Mitmenschlichkeit ist dabei nicht Gefühlsduselei und Schul-

terklopfen, sondern die Bereitschaft, sich in den anderen hineinzuversetzen, seine Situation zu verstehen und ihm, wenn möglich, auch zu helfen. Aufgeschlossenheit für Neues, für Unkonventionelles, für Anderes, für das Bekämpfen von Vorurteilen. All das kann man in politische Programme und Firmenleitlinien schön formuliert hineinschreiben.

Es geht aber um das, was gelebt werden muss, um das, an dem Eltern wie Schulen und Universitäten ihren Anteil haben, wo Führungskräfte als Vorbilder dienen und durch ihr Handeln zum Mittun animieren. Wo durch die Politik unterstrichen wird, wie wichtig diese Werte für die Gesellschaft sind –

unabhängig von den jeweiligen Parteiprogrammen. Wir haben alle unseren Beitrag zu leisten, keiner kann auf den anderen mit dem Finger zeigen und ihm Versagen vorwerfen.

Werteerziehung durch Religions- und Ethikunterricht

„Werteerziehung durch Religions- und Ethikunterricht in einer offenen, pluralistischen Gesellschaft": So lautete der etwas sperrige Titel einer parlamentarischen Enquete im Mai 2011, in der man erfahren konnte, dass seit bald 15 Jahren (!) ein Schulversuch im Fach Ethik läuft. Optimistisch betrachtet könnte man nun sagen, „gut Ding braucht Weile". Der gelernte Österreicher wird allerdings zum Schluss kommen, dass hier ein äußerst wichtiges Thema auf die lange Bank geschoben wird. Hoffnungsvoll würde dabei der Beitrag von Unterrichtsministerin Schmied stimmen, die betonte, dass es für junge Menschen in einer Gesellschaft, die mitunter zu einseitig und bedingungslos auf Wettbewerb und Konkurrenz setzt, zunehmend schwieriger wird, die Bedeutung von Kooperation, sozialem Handeln und Solidarität zu verstehen. Dabei habe man die Verantwortung jedes Einzelnen nicht nur für sich selbst, sondern auch für die Gemeinschaft zu erklären. Es müsse auch die persönliche Identität jedes Einzelnen gestärkt werden, denn das sei die Voraussetzung für einen angstfreien Diskurs in multikulturellen und multireligiösen Gesellschaften. „Mitgefühl, Einfühlungsvermögen und Anteilnahme ist eine Art Immunität gegen das Unmenschliche und gegen Fundamentalismen." Die Aufgabe von Politik und Verwaltung bestehe, so Schmied, nun darin, die verbindenden Werte der Gesellschaft zu vermitteln und auch vorzuleben. So weit, so gut.

Dem ist nur hinzuzufügen, dass Anton Bucher, Professor für Religionspädagogik an der Universität Salzburg, aus der Praxis der Schulversuche berichtete, dass die SchülerInnen dem Unterricht eine gute Zensur geben und zum Großteil beteuern, dass der Ethikunterricht wesentlich zur Bildung beitrage, die Kenntnis der Weltreligionen vertiefe und zu eigenständigem Urteil ermuntere. Die begleitenden Studien, so Bucher, hätten auch ergeben, dass nach einem Jahr zusätzlichem Ethikunterricht ausländerfeindliche Stereotypen ebenso zurückgegangen sind wie das relativistische Lebensgefühl, es sei ohnehin alles egal. Auch die ökologische Handlungsbereitschaft sei gestiegen sowie die Toleranz innerhalb von Gruppen mit unterschiedlichen Religionen.

Was kann man sich noch erhoffen, frage ich mich, und was verhindert die

Umsetzung? Die Antwort gibt zunächst der Online-Auftritt der „Kronen Zeitung“ vom 4. 5. 2011: „Parteien weiter uneins über Ethikunterricht“ lautete der Titel, jeder wolle etwas anderes. Das sollte bei gutem Willen überwindbar sein! Aber das Totschlagargument fällt dann in der Diskussion der Enquete, als ein Gewerkschaftsvertreter vorrechnet, dass die Einführung eines flächendeckenden Ethikunterrichts bis zu 160 Millionen Euro kosten würde. Meine Freude über die positive Einstellung der Ministerin relativiert sich in dem Moment, als ich lese („Die Presse“, 16. 5. 2011), dass sie bei ihrer Linie bleibt, wonach es als Unterrichtsfach Ethik weiter nur in Form von Schulversuchen geben sollte und diese auch nur, „wenn keine Mehrkosten entstehen“.

Abgesehen davon, dass die Größenordnung der Mehrkosten eine willkürliche Behauptung ist, habe ich noch nie gehört, dass über die Kosten des Chemie- oder Physikunterrichtes diskutiert und diese beziffert wurden. Viereinhalb Jahrzehnte nach meiner Matura habe ich noch manches in Erinnerung, was für mein späteres Leben wichtig war – Benzolringe und Faraday'sche Gesetze gehören nicht dazu (ohne deren Bedeutung schmälern zu wollen). „Non scholae sed vitae discimus“ – lernen wir wirklich für's Leben und nicht für die Schule bzw. deren Lehrer, die jeweils ihr Fach für besonders gewichtig halten?

Aber ein anderer Aspekt ist mir viel wichtiger: Warum werden immer nur jene Kosten beziffert, die zunächst entstehen und warum wird der gesellschaftliche Folgenutzen außer Acht gelassen, der sich auch in zukünftig vermiedenen Kosten niederschlägt (z.B. weil asoziales, aggressives und fremdenfeindliches Verhalten von Jugendlichen verringert werden kann)? Über diesen Aspekt wurde bei der Enquete offensichtlich nicht diskutiert.

Und so fürchte ich, dass diesem ambitionierten Vorhaben ein österreichisches Schicksal beschieden ist: Es bleibt ein Provisorium, und die sind bei uns bekanntlich besonders langlebig. Es lebe der Schulversuch, auch wenn er nur jeden zehnten jungen Menschen erreicht? Nein: Auch hier gilt es, Widerstand zu leisten.

Zur „Gesundung der österreichischen Seele“

In „Ansichtssache“, einem Buch, das ich 1989 noch als Politiker geschrieben habe, habe ich mir Gedanken zur verkümmerten Zivilcourage in Österreich gemacht:

Erwin Ringel hat auf sehr gescheite und verständnisvolle Weise zugleich gezeigt, wie der österreichische Charakter, das allgemein verbreitete Sozialverhalten der Österreicher und die bestehenden politischen Strukturen einander bedingen und ergänzen.
„Wie lange noch hierarchische Strukturen?" lautet der Titel eines Abschnitts in dem Buch „Zur Gesundung der österreichischen Seele". Ringel nennt darin sechs verschiedene Elemente, die zu den bestehenden hierarchischen Strukturen in Österreich geführt haben und sie nach wie vor begünstigen.
Diese Krankheits-Symptome einer an und für sich gesunden Demokratie sind: die falsche, angemaßte Autorität; die zu oft gebrauchte und damit schon missbrauchte Macht; das Akzeptieren hierarchischer Ordnungen; der Unfehlbarkeitsanspruch; das Kritikverbot; und der bedingungslose Gehorsam. Ein Rezept gegen diese Krankheit nennt Erwin Ringel in diesem Kapitel nicht.
Für mich lautet die beste Rezeptur: Fördern wir Zivilcourage! Denn diese zivile Form des Mutes wird bei uns weniger geschätzt. Wo zum Beispiel gibt es bei uns einen Politiker, der sich so wie einst J. F. Kennedy in einem eigenen Buch mit der Bedeutung von Zivilcourage für eine Gesellschaft auseinandersetzen würde? Und ganz und gar unmöglich wäre es bei uns, dass das 140 Jahre alte Buch über die „Pflicht zum zivilen Ungehorsam" des amerikanischen Schriftstellers Henry David Thoreau zur Mittelschüler-Pflichtlektüre werden könnte. Wie wichtig Zivilcourage allerdings für eine funktionierende Demokratie und eine lebendige Gesellschaft wäre, das steht auf einem anderen Blatt – und nicht im Amtsblatt.
Viel von dem, was die österreichische politische Kultur manchmal zur Unkultur werden lässt – der vorauseilende Gehorsam, die nachträgliche Rechtfertigung, das nach oben Buckeln und nach unten Treten – ließe sich mit etwas mehr Zivilcourage verhindern. Zivilcourage ist aber keine Eigenschaft, die man entweder hat oder nicht hat, so wie übrigens die meisten anderen Eigenschaften auch. Sie lässt sich erlernen – und zwar von klein auf. Familien, Kindergärten und Schulen sind die wichtigsten Orte, wo sie erlernt werden kann. Zivilcourage kann man auch fördern. Man fördert sie am besten, indem man nicht nur Anpassungsleistungen belohnt." (Radlegger 1989, S. 16ff.)

Zivilcourage ist im Jahre 2011 noch mehr gefragt als 1989. Und auch die Förderung von Zivilcourage durch eine engagierte Bildungspolitik.

Wo bleibt außerhalb des dankenswerterweise von Hannes Androsch angeregten Diskurses der Aufschrei, dass wir endlich eine Debatte über Bildungsinhalte, über Bildungsziele, über Bildungsschwerpunkte führen sollten; darüber einen gesellschaftlichen Kontext herbeiführen müssen; das Thema Schulautonomie z.B. am finnischen Vorbild studieren müssen, um unsere eigenen Schlüsse daraus abzuleiten; die Parteien ultimativ aufzufordern haben, den Schulproporz, der zu den Fossilien der 1950er und 1960er Jahre gehört, endlich aufzugeben; Strukturen zu schaffen, die die Schulen unterstützen und nicht zusätzlichen, meist unnötigen Verwaltungsaufwand für Schulleitungen und Lehrer bedeuten.

Kurz und gut, wir müssen ein Bildungskonzept entwickeln, über das zunächst offen und sachlich durchaus gestritten werden soll, weil die Standpunkte verständlicherweise auseinanderliegen, das aber dann von möglichst vielen getragen wird. Erst am Ende der Kette dieser Prozesse steht die Frage, die am Anfang von einem Landespopanzen in den Mittelpunkt gestellt wurde (weil Köpfe Macht bedeuten): wo denn der Dienstgeber der Lehrerschaft sinnvollerweise angesiedelt sein soll. Die im ersten Halbjahr von der Koalition angekündigte Reform ist offensichtlich ein Minimalkonsens und wurde von Hannes Androsch mit Recht als Placebo kritisiert. („Kurier", 4. 5. 2011)

Ich wünsche mir aber auch eine Debatte darüber, was wir dazu beitragen können – und zwar wir alle –, dass sich die Gesellschaft hin zu einer aufgeschlossenen, toleranten, kritischen, solidarischen, mutigen, offenen, sensiblen Gemeinschaft entwickelt. Die Schule steht dabei mit im Zentrum des Geschehens.

Das Bildungsvolksbegehren ist ein wichtiger Anstoß zum Nachdenken und Mit-Wirken, ganz im Sinne eines jung gebliebenen 94-jährigen Deutschfranzosen namens Stephane Hessel.

„Das Schlimmste ist die Gleichgültigkeit"

Ein Kapitel in Stephane Hessels weltbewegender Streitschrift „Empört euch" heißt „Das Schlimmste ist die Gleichgültigkeit". Darin schreibt er: „‚Ohne mich' ist das Schlimmste, was man sich und der Welt antun kann. Den ‚Ohne mich Typen' ist eines der absolut konstitutiven Merkmale des Menschen abhanden gekommen: Die Fähigkeit zur Empörung und damit zum Engagement." (Hessel 2011, S. 13) Am Ende des Essays findet sich ein Aufruf, der sich vor allem an die Jüngeren wendet, aber den Älteren, die dieses Jahrhundert nur noch zum geringeren Teil erleben werden, ebenso die Pflicht zum Tun auferlegt: „Neues schaffen heißt Widerstand leisten. Widerstand leisten, heißt Neues schaffen." (Ebd., S. 21)

Wir ÖsterreicherInnen sollten, ja wir müssen daraus unsere eigenen Lehren ziehen und inneren Zorn in äußeres Handeln transformieren. Denn auch für uns gilt es „Widerstand zu leisten, um Neues zu schaffen", wenn man kritisch den Zustand der politischen Verhältnisse und das sichtbar schwindende Vertrauen in die Kompetenz, Handlungsfähigkeit und Glaubwürdigkeit der Parteien und ihrer führenden AmtsinhaberInnen beurteilt.

Diese Einsicht soll nicht Ausdruck ständiger Besserwisserei oder kleinlicher Kritikasterei eines Menschen sein, der den deutlich größeren Teil seines Lebens hinter sich hat, sondern sie ist aus der wachsenden Sorge entstanden, dass politischer Gestaltungswille zunehmend durch Dahinlavieren, Verwalten von Bestehendem, Schielen auf scheinbare, jedoch kurzzeitige Erfolge, populistisches Agieren und ausgiebige Phraseologie ersetzt wird. Aussitzen statt Aussprechen ist die gängige Devise für die verwendete Regierungsmuskulatur geworden. Ausbaden müssen es ohnehin nur die Betroffenen.

Eine dringend notwendige Verwaltungs- und Strukturreform wird auf die lange Bank geschoben, Demokratiepolitik nicht einmal in den Mund genommen, eine mehr als überfällig gewordene Neuorientierung in der gesamten Bildungspolitik durch halbherzige Schritte ersetzt, die Bundesheer-Debatte auf Grund von medialen Zurufen geführt, bevor die Gesamtaspekte unserer künftigen Sicherheitserfordernisse beleuchtet sind, die Gesundheitspolitik von Statusansprüchen politischen Landadels (eine Rundfunksprecherin meinte schon vor Jahrzehnten prophetisch: „Den Mutigen bangt selten – doch wem graut nicht vor [Prölls] St. Pölten?") und hypertrophem Sozialversicherungsgewucher überlagert. Herzmanovsky-Orlandos Phantasie hätte nicht ausgereicht, ein solches Szenario schreibend sich auszumalen.

Wozu dieses Parlament?

2010 wurde bei der Budgetvorlage aus wahltaktischen Gründen ein Verfassungsbruch begangen. Wo blieb hier der Aufschrei? Ein paar Zeitungen haben darüber geschrieben, ein paar Menschen haben protestiert – die politisch Verantwortlichen hat es nicht gejuckt. Wie sollen die BürgerInnen Respekt vor Gesetzen haben, wenn sich die Regierung über die Verfassung hinwegsetzt? Und das mit dem fadenscheinigen Argument begründet, man könne die zeitlichen Verpflichtung zur Budgetvorlage nicht einhalten, weil man neuere Wirtschaftsdaten abwarten wolle. Jeder, der einmal den Termin zur vierteljährlichen Einkommensteuervorauszahlung nicht wahrgenommen hat, weiß, was ihm dann an Strafzinsen blüht.

Alles rechtens – wird man von Seiten der Finanzbehörden auch begründeten Einwendungen begegnen –, denn wo kämen wir denn mit dem Haushalt hin, wenn Termine nicht eingehalten werden. Die Regierung tut es, und das Parlament in seiner Mehrheit – schweigt dazu! Das alles aus wahltaktischen Gründen, weil im Osten Österreichs ein paar Landtage gewählt werden!

Caspar Einem stellte zum Schweigen des Parlaments in der Zeitschrift „Zukunft" berechtigt die Frage „Wozu dieses Parlament?":

> Da sieht eine Verfassungsbestimmung vor, dass dem Parlament längstens zu einem bestimmten Termin im Oktober das Budget vorzulegen ist, und die Regierung beschließt, dass ihr dieser Zeitpunkt nicht genehm ist und legt das Budget daher erst zwei Monate später vor. Folge für die Regierung: keine.

Die Opposition tobt natürlich – wie immer wenn es gegen die Regierung geht – und verlangt eine Sondersitzung des Parlaments, um dort eine dringliche Anfrage an den Finanzminister zu stellen, in der mit 190 Fragen versucht werden soll, ihn aus der Deckung zu locken. Und der beantwortet einfach keine dieser Fragen.
Folge für den Finanzminister: keine.
Folge für das Ansehen der Demokratie, für das Ansehen des Parlaments? Die Frage: Wozu braucht es dieses Parlament? Wenn ohnehin die Mehrheit – nicht

bloß eine rot-schwarze, wie jetzt, sondern die jeweilige Regierungsmehrheit im Parlament – nur abnickt, was zuvor die Regierung beschlossen hat. Wäre es da nicht einfacher und auch billiger man verzichtete auf so eine Maschinerie? Auf diese Weise führt sich Parlamentarismus – ein Kernstück der Demokratie – ad absurdum. (Einem 2010)

Zu den primären Aufgaben des Parlaments gehört neben Gesetzgebung und Kontrolle der Vollziehung der Beschluss des Haushalts. Die Nichteinhaltung des verfassungsgesetzlichen Termins durch die Regierung hätte im Übrigen den Kompetenzübergang auf das Parlament bewirkt und die Möglichkeit geschaffen, von sich aus ein Budget zu beschließen. Welche lebendige Auseinandersetzung zwischen Regierungsparteien und Opposition hätte es geben können, wenn sich etwa die Grünen dessen besonnen und einen eigenen Antrag eingebracht hätten! Ein einzigartiger Verfassungsbruch hätte so bewirken können, dass das Parlament beweist, das zu sein, was es eigentlich sein sollte, nämlich das Zentrum politischen Handelns und Entscheidens. Man begnügte sich mit ein paar halbherzigen Unmutsbezeugungen, um vom demokratischen Schattendasein abzulenken.

Eine solche Vorgangsweise zeugte nicht nur von mangelndem Respekt vor der Verfassung, sie brachte zudem kein gereifteres Etatkind in unsere kleine Welt. Kaum von der Regierung aus der Taufe gehoben, mussten schon die ersten Geburtsfehler eingestanden werden – man denke nur an die zeitliche Beschränkung der Familienbeihilfe für StudentInnen.

Wahltag: das dicke Ende kommt danach

Diese unvollständige Aufzählung von Versäumnissen, zu verantworten von einer Regierung, die gekennzeichnet ist vom historisch niedrigsten Vertrauensbonus der österreichischen Bevölkerung, lässt erwarten, dass der kommende Wahltag für die verantwortlichen Parteien und deren RepräsentantInnen zum Zahltag wird. Dagegen wäre ja demokratiepolitisch an und für sich noch nichts einzuwenden, wenn es die Hoffnung gäbe, dass dadurch Neues, Bewegendes, Handelndes zum Zug kommt.

Eine in der Demokratie übliche und durchaus gerechtfertigte Abstrafung durch die WählerInnen birgt aber die große Gefahr in sich, dass davon hauptsächlich jene politischen Kräfte profitieren, deren ProponentInnen behände die Worte Fleiß, Anstand, Tüchtigkeit, Sauberkeit und Heimat auf den Lippen tragen (zugleich sind einige dieser ProponentInnen in die meisten politischen Skandale und Korruptionsaffären der jüngeren Vergangenheit verwickelt). Daran ändert auch das ständige Sich-Häuten nichts, denn gewechselt werden nur die Farben. Und Spaltungen ändern noch lange nicht den genetischen Fingerabdruck. Tun wir daher alles, dass nicht der Unmut über bestehendes Versagen den Bock zum Gärtner macht.

Es ist höchste Zeit zum Handeln, damit Österreich nicht zur Spielwiese der Alles-Besserwisser, der stetigen Vereinfacher, der Ausgrenzer, der Schwarzweiß-Maler, der Mundflinken, der Tüchtigen in eigener Sache, der Fleißigen für die eigene Tasche, der politischen Jahrmarktschreier und Vernebelungsspezialisten wird. Leider ist es eine durchaus verbreitete Einschätzung, dass die Regierungsparteien – die sich einmal staatstragend bezeichnen durften – in ihrer derzeitigen Verfassung weder über den Innovationswillen und die Gestaltungskompetenz noch das geeignete Spitzenpersonal verfügen, um die erforderlichen Maßnahmen zu treffen. Zu halbherzig waren dafür die Schritte, die bisher gesetzt wurden, zu populistisch manche Aktivitäten und zu oberflächlich die Reformvorhaben.

Der Präsident des österreichischen Verfassungsgerichtshofs, Gerhard Holzinger, machte im „Kurier" (24. 4. 2010) klar, dass kein Mangel an Reformvorschlägen herrscht: „Es gibt seit Jahren entscheidungsreife Reformvorschläge, etwa bei der Schulverwaltung, im Gesundheitsbereich oder bei der Verwaltungsgerichtsbarkeit. Was fehlt, ist, dass die maßgeblichen Politiker beim Bund und die Landeshauptleute entscheiden. [...] Aber immer wenn man etwas ändert, gibt es Widerstände – und sei es nur aus Angst vor Neuerungen. Diese muss man überwinden, das kostet Kraft. Vielleicht geht es uns noch nicht schlecht genug!"

Warten wir nicht zu, bis Letzteres eingetreten ist. Sondern nehmen die Dinge jetzt in die Hand, bevor es wirklich zu spät ist.

Zu Recht schreibt Erhard Busek in dem bereits zitierten Buch „Was ist faul im Staate Österreich?": „Krisengerede gibt es genug, die Krise wird aber nicht als Chance begriffen, notwendige Änderungen durchzuführen". Abschließend zitiert Busek den Titel des Hauptwerks des österreichischen Barock-Nationalökonomen Philip Wilhelm von Hörnigk: „Österreich über alles, wenn es nur will." (Hösele 2010, S. 24)

Bereiten wir diesem Willen einen Weg.

Nicht mehr Demokratie *wagen*, sondern *begehren*

Um dringend gebotene Reformen etwa in den Bereichen Bildung, soziale Sicherung, Gesundheit und Pensionssystem überhaupt möglich werden zu lassen, bedarf es einer grundlegenden Neuerung in Österreichs Demokratie. Die politischen Parteien, von deren Notwendigkeit in der parlamentarischen Demokratie nicht nur ich überzeugt bin, schaffen offensichtlich die Demokratiereform nicht „von innen": Sie brauchen meines Erachtens einen heftigen Anstoß von außen, aus der Bevölkerung, wie es ein Demokratievolksbegehren sein könnte. Dieses ginge wünschenswerterweise aus der Bürgerschaft hervor, die im Weiteren dadurch wesentlich stärker als dies bisher der Fall ist, mit dem demokratischen Geschehen verbunden wäre.

Auch Heinrich Neisser denkt in seinem Beitrag für das erwähnte Buch „Was ist faul im Staate Österreich?" an ein Volksbegehren: „In Sachen Verfassung und Demokratiereform ist die Zivilgesellschaft bislang nicht sichtbar geworden. An Themen dafür mangelt es nicht. Ein zentraler Punkt ist die Reform des Wahlrechtes, die eine verstärkte Personalisierung dadurch ermöglichen soll, dass die Wähler einen relevanten Einfluss auf die Wahlauswahl ihrer Vertreter, der Volksvertreter, haben sollen. Es ist eine besondere Herausforderung, mittels eines Volksbegehrens den Willen der Bürgerschaft zu zeigen, an der Gestaltung ihrer Demokratie mitzuwirken." (Hösele 2010, S. 37f.)

Nehmen wir diesen Gedanken auf und bitten nicht, ersuchen nicht, sondern begehren mit der Kraft der Zivilgesellschaft Reformen, nicht was geändert werden *soll* oder *kann*, sondern verändert werden *muss*! Demokratie begehren heißt eine Lobby für die BürgerInnen schaffen – für Bewegung und gegen Erstarrung.

Arbeit für Österreich

Die „Salzburger Nachrichten" stellten am 30. 4. 2011 – am Vorabend des „Tages der Arbeit" – in einer Sonderausgabe „Zehn Reformen, die Österreich jetzt braucht" vor. Auch wenn es nicht explizit beabsichtigt war, hätte der Zeitpunkt nicht besser gewählt werden können. Denn der 1. Mai ist seit 120 Jahren als Datum ein Symbol für den Kampf um ArbeiterInnen- und BürgerInnenrechte und als Tag der Arbeit könnte er auch Datum des Beginns einer „Arbeit für Österreich" sein. Einer Arbeit, die bei jenen Menschen in unserem Land ansetzt, die bereit sind zum Mit-Wirken, zum Mit-Gestalten.

„Österreich braucht jetzt seine Bürger", schreibt Chefredakteur Manfred Perterer dazu. „Nur wenn die Regierenden um ihre Macht fürchten müssen, werden sie ihre Führungsaufgaben wahrnehmen. Das ist die Sprache, die sie verstehen."

Wegen ihrer grundsätzlichen Bedeutung für eine Demokratiereform seien an dieser Stelle jene Vorhaben wiederholt, die sich mit demokratiepolitischen Themen auseinandersetzen:

1. Wahlrecht

Jeder Wähler hat zwei Stimmen. Eine für eine Partei, eine für einen Kandidaten. Auf diese Weise wird der Einfluss der Wählerinnen und Wähler auf die Zusammensetzung der Parlamente verstärkt. Und die MandatarInnen haben eine engere Bindung an die Wählerschaft.

2. Demokratie

Zehn Prozent der Wahlberechtigten können eine bindende Volksabstimmung erzwingen.

Der „Souverän" in unserer Demokratie ist das Volk. Daher soll das Volk auch die Möglichkeit zur direkten Gestaltung dieser Demokratie erhalten. Nicht nur am Wahltag, sondern auch bei konkreten Fragen, die für unsere Zukunft entscheidend sind.

3. Politik

Gläserne Parteikassen, Gesetze gegen Korruption und ein Lobbying-Verbot für Politiker.

Die Korruption in Österreich ist eine Gefahr für die Demokratie. Es muss Schluss sein mit dem Privileg der Parteien, ihre Spenden – auch wenn sie aus dubiosen Quellen kommen – verschleiern zu dürfen. Die Staatsanwälte müssen angewiesen werden, politische Korruption nicht länger als Kavaliersdelikt zu betrachten.

4. Staatsreform

Eine neue Verfassung, die die Spielregeln zwischen Bund und Ländern neu definiert.

Ein Gremium aus Verfassungsrechtlern und erfahrenen Politikern erarbeitet ein neues Staatsgrundgesetz – ohne Tabus. Doppelgleisigkeiten in der Verwaltung werden beseitigt, die Länder erhalten klare Kompetenzen und Steuerhoheit, eine neue Länderkammer anstelle des Bundesrats nimmt die Interessen des föderalistischen Österreichs wahr.

Im Mittelpunkt der demokratiepolitischen Reformvorhaben steht das Parlament als (wiederhergestelltes) Zentrum politischen Geschehens, seine Zusammensetzung und somit ein künftiges Wahlrecht. Es war Heinrich Keller, der – aus meiner persönlichen Sicht – in seinem Beitrag für die Publikation „Perspektiven einer Wahlrechtsreform" die wesentlichen Entwicklungslinien und Handlungsschwerpunkte des Wegs zu einem neuen Wahlrecht festhielt; daher sei aus seinem Text mit dem Titel „Belebung der Demokratie. Für eine neues Wahlrecht" die in meinen Augen zentrale Passage wiedergegeben:

> Die österreichische Politik ist durch abnehmende Wahlbeteiligung und, wie man oberflächlich meinen könnte, durch politisches Desinteresse gekennzeichnet. Außerdem erleben wir eine Zersplitterung der Parteienlandschaft und eine Regierungsdominanz durch eine offensichtlich unvermeidbare sogenannte „Große Koalition". Instrumente der direkten Demokratie wie Volksbegehren,

> Volksabstimmung oder Volksbefragung sind wichtige, aber die repräsentative Demokratie nur ergänzende, nicht aber ersetzende Instrumente. Die immer wieder festzustellende Politikverdrossenheit hat ihre Ursache darin, dass Politik von den Bürgern nicht als Einmischung in eigene Angelegenheiten verstanden wird, sondern als ein vom Wähler unbeeinflussbares Geschehen, dem mit periodischen, nunmehr nur alle fünf Jahre vorgesehenen Wahlen, ein demokratisches Mäntelchen umgehängt wird. Die beiden sogenannten „großen Parteien", die seit den Wahlen 2008 nur mehr über 29,3 und 26,0 % der gültigen Stimmen verfügen, haben schon zu Beginn der Zweiten Republik einen Parteienstaat errichtet, der auch unter Zuhilfenahme von Verbänden (die Sozialpartner wurden

nunmehr auch in den Verfassungsrang erhoben) durch Instrumente des Proporzes und Parteienschachers den Staat aufteilte.
Es wurde ein System der Verfilzung geschaffen, in dem politischer Diskurs, politische Transparenz, Kontrolle und Mitbestimmung auf der Strecke blieben.
Der immer besser gebildete, wahlberechtigte Bürger sah die steigende Bedeutungslosigkeit seines Wahlrechtes und bekam durch die ewig weiter bestehende, nicht abwählbare Koalition mit ihrer Einschränkung wirklicher Demokratie, der Verflechtung von Medien und Politik, der umfassenden und undurchsichtigen Parteienfinanzierung und der mit immer mehr oberflächlicher Show verbundenen Inhaltslosigkeit der Politik das Selbstgefühl des ohnmächtigen Untertanen vermittelt.
Seit Bestehen des Bundesverfassungsgesetzes 1920 hat Österreich für die Wahlen zum Nationalrat ein nahezu reines Verhältniswahlrecht. Immer wieder gab es Diskussionen und öffentliche Auseinandersetzungen zur Verbesserung der Demokratie in Richtung Mehrheitswahlrecht und Persönlichkeitswahlrecht.
Die Notwendigkeit einer Personalisierung hat in Österreich im Bereich der Gemeinden sehr erfolgreich bei der Direktwahl der Bürgermeister ihren Niederschlag gefunden. Der Bundesgesetzgeber konnte sich aber zu einer derartigen Reform nicht entschließen, obwohl die Notwendigkeit ebenso wie das politische Bedürfnis nach einer Systemänderung erkannt wurden. In den Erläuternden Bemerkungen zur Nationalratswahlordnung 1992 heißt es zwar, man wolle die Verbesserung des persönlichen Kontaktes zwischen Wählern und Gewählten durch wesentlich kleinere Wahlkreise und die Verstärkung des Einflusses des Wählers auf die tatsächliche Zusammensetzung des Nationalrates erreichen, aber unter dem Titel „Förderung des Gedankens der Wahlgerechtigkeit" erfolgte nicht nur eine strikte Beibehaltung, sondern eine Verstärkung des Prinzips des Verhältniswahlrechts.
Es sei hier gleich darauf hingewiesen, dass dadurch, dass jeweils eine Parteiliste gewählt wird, durch Mandatsverzichte und Annahme von Mandaten auf einer anderen Liste nach stattgefundener Wahl Änderungen vorgenommen werden können und auch tatsächlich vorgenommen werden. Am Ende des Wahltages kann daher der Wähler gar nicht wissen, welche Person er tatsächlich gewählt hat. Ausdrücklich heißt es hier in den Erläuterungen zur Nationalratswahlordnung 1992: „Kein Kandidat darf in mehr als einem gleichrangigen Wahlkreis kandidieren, eine Mehrfachkandidatur auf vertikaler Ebene (Regionalparteiliste-Landesparteiliste-Bundesparteiliste ein und derselben Partei) soll jedoch möglich sein."

Was den behaupteten stärkeren Einfluss des Wählers auf die Zusammensetzung des Nationalrates betrifft, wird auf ein „ausgebautes" Vorzugsstimmensystem verwiesen. Tatsächlich hat aber dieses Vorzugsstimmensystem nichts an der Dominanz der Parteilisten geändert. Die sogenannte „Personalisierung" stellt sich damit als echter Etikettenschwindel dar.

Es entspricht zwar unserer parlamentarischen Verfassung, dass das entscheidende Organ das Parlament ist, welches nicht nur über die Zusammensetzung der Regierung entscheidet, sondern diese auch jederzeit abberufen kann. Realpolitisch betrachtet, ist die Situation jedoch umgekehrt: Nicht die Regierung wird vom Parlament, sondern das Parlament wird von der Regierung dominiert. Die Parteiführer der Regierungsparteien sitzen nicht im Parlament, sondern ausschließlich in der Regierung. Die Regierung tritt in der Praxis nicht mit „Regierungsvorlagen" als „Vorschlag" an das Parlament heran, sondern bestimmt den unabänderlichen Inhalt von Parlamentsentscheidungen. Das Parlament hat die Vorgaben der Regierung als de facto ohnmächtiger Bestätigungsmechanismus zu vollziehen. Die Parteichefs sind mit den Regierungschefs identisch. Der Bundeskanzler ist Parteivorsitzender der größeren, der Vizekanzler der Parteivorsitzende der kleineren Regierungspartei. Beide Parteivorsitzenden gemeinsam stellen die Koalitionsregierung, die aufgrund der Verfassung an das Einstimmigkeitsgebot gebunden ist. Eine abweichende Meinung ist daher überhaupt nicht möglich.

Diese von den Parteichefs dominierte Regierung beherrscht damit gleichzeitig das Parlament, das zwar seine verfassungsmäßigen Aufgaben rein formell abzuwickeln hat, inhaltlich aber an das Gebot der Parteichefs (Regierungschefs) gebunden ist. Daraus folgt eine reine Parteienherrschaft, bei der weder die Trennung zwischen Parteien- und Staatsämtern noch die Gewaltentrennung zwischen Verwaltung und Legislative, zwischen Regierung und Parlament funktioniert.

Die einzige Möglichkeit, hier eine Änderung zu bewirken, bestünde in der Reform unseres Wahlsystems.

Um einen realistischen Weg aufzuzeigen, die Prinzipien von Mehrheitswahlrecht, Persönlichkeitswahlrecht und Verhältniswahlrecht sowie die im Parlament vertretenen Minderheiten zu beachten, hat Heinrich Keller gemeinsam mit Trautl Brandstaller nachstehenden Vorschlag erstattet, der ein wesentlicher Punkt eines Volksbegehrens sein könnte:

1. Verringerung der Nationalratsmandate auf 160 Mandate
2. Schaffung von 80 Einerwahlkreisen, in welchen ein einziger Kandidat mit absoluter Mehrheit, wenn erforderlich nach Stichwahl, gewählt wird. Weitere 80 Mandate werden auf einer Bundesliste vergeben.
3. Mandate im Einerwahlkreis werden einer wahlwerbenden Gruppe auf der Bundesliste nicht angerechnet.
4. Im Einerwahlkreis hat jeder Wähler zwei Stimmen, eine für einen Kandidaten und eine für eine auf der Bundesliste kandidierende wahlwerbende Partei. Dabei kann der Kandidat des Einerwahlkreises ein unabhängiger Kandidat sein oder auch einer, der von einer Bundesliste einer anderen Partei aufgestellt wird (Stimmensplitting).
5. Am bundesweiten Ermittlungsverfahren nehmen alle wahlwerbenden Parteien teil, die drei Prozent der Gesamtstimmen oder ein Direktmandat in einem Einerwahlkreis erreicht haben.
6. Ein Wahlvorschlag für den Einerwahlkreis muss von je 50 in diesem Wahlkreis wahlberechtigten Personen unterschrieben werden. Dies kann durch die Unterschrift eines oder mehrerer Mandatare nicht ersetzt werden.
7. Wahlwerbende Parteien, die einen Wahlvorschlag für drei Einerwahlkreise eingebracht haben, können einen gesamtösterreichischen Bundeswahlvorschlag einbringen.
8. Jeder Kandidat kann nur entweder als Direktkandidat im Einerwahlkreis oder auf der Bundesliste einer wahlwerbenden Partei kandidieren. Eine Mehrfachkandidatur ist nicht möglich.
9. Bei Verzicht, Rücktritt oder sonstiger Erledigung eines Mandats tritt im Einerwahlkreis der an nächster Stelle gewählte Mandatar an dessen Stelle oder es findet eine Nachwahl statt.
10. Bei Verzicht, Rücktritt oder sonstiger Erledigung eines Mandats auf der Bundesliste tritt der auf dieser Liste Nächstgereihte an dessen Stelle.
11. Findet in einem Einerwahlkreis eine Stichwahl statt, so ist vor dem zweiten Wahlgang der Austausch des Kandidaten möglich.
12. Ein direkt gewählter Mandatar eines Einerwahlkreises hat alle parlamentarischen Rechte, ohne Erfordernis einer Fraktionsstärke.*

* Um nicht MandatarInnen „1. und 2. Klasse" zu schaffen, wäre es meines Erachtens zu bevorzugen, dass jede/r MandatarIn einen Antrag einbringen kann, eine wirkliche Erste Lesung stattfindet und mit einem Mindestquorum entschieden wird, ob der Antrag weiteren Lesungen unterzogen wird.

Es wird hier, jedenfalls bei der Hälfte der Mandate, dem Mehrheitswahlrecht und dem Persönlichkeitsprinzip voll Rechnung getragen. Darüber hinaus wird durch das Erfordernis der absoluten Mehrheit einerseits die demokratische Legitimation des Mandatars erhöht und andererseits durch die Stichwahl mehreren, auch kleineren Parteien, die Möglichkeit von Wahlkoalitionen eröffnet. Hervorzuheben ist, dass über die Akzeptanz einer Wahlkoalition der Wähler entscheidet, während über eine Regierungskoalition in der Realität die Parteiapparate entscheiden.

Durch die Aufstellung von attraktiven, qualifizierten Persönlichkeiten könnte jede wahlwerbende Partei somit nicht nur mehr Mandate gewinnen, sondern auch die Qualität der Mandatare verbessern.*

Die Minderheitenrechte werden dadurch stärker berücksichtigt, dass bereits drei Prozent der gültigen Stimmen auf der Bundesliste oder ein Direktmandat im Einerwahlkreis dafür ausreichen, an der Mandatsverteilung teilzunehmen. Darüber hinaus wird die aktive Teilnahme als wahlwerbende Partei dadurch erleichtert, bzw. gerechter gestaltet, dass nicht mehr drei Abgeordneten-Stimmen ausreichen, um an Wahlen teilzunehmen. Nach unserem Modell reicht es, dass jede wahlwerbende Gruppe 50 Unterschriften wahlberechtigter Personen im Einerwahlkreis beibringt, um im Einerwahlkreis zu kandidieren. Die Kandidatur in drei Einerwahlkreisen berechtigt zur Erstellung einer Bundesliste.

Die bisher übliche Manipulation bzw. Veränderung des Wählerwillens durch die Parteiapparate wird dadurch verhindert, dass nur mehr die Kandidatur einer Person in einem Einerwahlkreis oder auf der Bundesliste möglich ist, Mehrfachkandidaturen also ausgeschlossen werden. (Poier 2010, S. 239 ff.)

Soweit Heinrich Keller und Trautl Brandstaller in ihrem Beitrag zu den „Perspektiven einer Wahlrechtsreform", der noch dahingehend diskutiert werden müsste, ob ein gemischtes Mehrheits- und Verhältniswahlrecht oder ein reines Verhältniswahlrecht zu bevorzugen wäre. Der Vorteil des gemischten Systems liegt in seiner mehrheitsverstärkenden Wirkung bei gleichzeitiger Vertretung kleinerer Parteien im Parlament; sein Nachteil in der Tatsache, dass Koalitionen, die sich nicht auf die Mehrheit der abgegebenen Stimmen stützen, sogar verfassungsändernde Mehrheiten im Parlament erreichen können.

---

* Inwieweit KandidatInnen durch Vorwahlen bestimmt werden, ist Angelegenheit parteiinterner Entscheidungen. Dadurch wäre allerdings eine größere Legitimationsbasis gegeben als durch reine Gremien-Entscheidungen, was zu begrüßen wäre.

Der Vorteil des reinen Verhältniswahlsystems ist schon in seiner Bezeichnung begründet, nämlich dass die Zusammensetzung des Parlaments weitgehend dem Anteil der Wahlgruppierungen am Wahltag entspricht, sein Nachteil in dem Umstand, dass das Parlament infolge einer unbestimmten Anzahl an notwendigen Ausgleichsmandaten in seiner Mandatszahl erst am Wahltag bestimmt und keine mehrheitsfördernde Wirkung erzielt wird. Beide Systeme haben jedoch den Vorteil eines deutlich stärker persönlichkeitsorientierten Elements und sind daher auf alle Fälle dem jetzigem System vorzuziehen.

Parlament Neu

Natürlich bedarf ein derart grundsätzlich geändertes Wahlrecht einer Änderung unserer Bundesverfassung und möglicherweise einer Volksabstimmung, die noch im Jahr 2012 vorzunehmen wären, um die Nationalratswahlen 2013 bereits nach dem neuen Wahlsystem durchführen zu können. Aber auf Grund des reichlich vorhandenen Materials an wissenschaftlichen Beiträgen, auf dem der gemachte Vorschlag aufbaut, ist die Vorbereitungszeit ausreichend, um in einem wirklichen Arbeitsparlament die notwendigen Beschlüsse fassen zu können. Geredet und geschrieben ist bereits genug geworden – jetzt muss entschieden und verhindert werden, dass sich die Parteien über den nächsten Wahltag hinwegretten.

Schließlich wurde die Legislaturperiode ohne viel Diskussion von vier auf fünf Jahre verlängert, um, wie man ins Treffen geführt hat, arbeiten zu können. Es kann jetzt der Beweis angetreten werden, dass dies wirklich so gemeint war und nicht als Argument für die wahre Absicht diente: nämlich sich die WählerInnen ein Jahr länger vom Hals zu schaffen. Ich bin mir bewusst, dass dies eine Unterstellung ist, die empört zurückgewiesen werden wird, aber der gelernte Österreicher weiß durch die Erfahrung der letzten Jahre: „Wenn es schon nicht stimmen sollte, so ist es zumindest gut erfunden."

Oder will wirklich jemand glauben, dass der Verfassungsbruch bei der Budgeterstellung nicht aus Angst vor den WählerInnen erfolgte? „Wer einmal lügt, dem glaubt man nicht, auch wenn er die Wahrheit spricht." Wenn die derzeit Regierenden überhaupt die Chance haben sollten, in die jüngere Politikgeschichte Eingang zu finden, dann mit diesem einmaligen Verfassungsbruch. Zorn kommt auf, wenn man daran denkt.

Ein mit neuem Selbstbewusstsein ausgestattetes Parlament, legitimiert durch ein neues Wahlrecht, würde sich ein solches Lausbubenstück wie die verspätete Budgeteinbringung – da bin ich mir sicher – nicht gefallen lassen, denn hier wurde die Messlatte für anständiges politisches Handeln bei weitem unterschritten. Vielleicht hat sich Josef Pröll auch daran erinnert, als er in seiner Abschiedsrede von Anstand sprach.

Ein lebendiges Parlament braucht die bunte Mischung zwischen Neuem und Bewährtem. Das gilt auch für seine Zusammensetzung. Deshalb sollte die Zugehörigkeit zur gesetzlichen Körperschaft auf drei unmittelbar aufeinander

folgende Wahlperioden beschränkt werden, wobei wirklich substanziell und nicht mit Scheinargumenten zu diskutieren wäre, ob eine solche vier oder fünf Jahre betragen soll. Um die hinter der Wahlrechtsreform stehenden Absicht, dem Wähler, der Wählerin entscheidend mehr Einfluss auf die Zusammensetzung des Nationalrats zu geben, konsequent fortzusetzen, müsste in der Geschäftsordnung des Nationalrats festgeschrieben sein, dass mindestens die Hälfte der Mitglieder von Parlamentsausschüssen und des Nationalratspräsidiums Direktmandate besitzen müssen.

Apropos: Parlamentspräsidium

Wer weiß noch um die Empörung einer breiten Öffentlichkeit, als der blaue Burschenschafter Martin Graf zu einem der Parlamentspräsidenten, übrigens auch mit den Stimmen von ÖVP und SPÖ, gewählt wurde? Erinnert hat man sich erst wieder daran, als er den Präsidenten der Israelitischen Kultusgemeinde als „Ziehvater des antifaschistischen Linksterrorismus" bezeichnete.

Spätestens zu diesem Zeitpunkt erfuhr dieselbe Öffentlichkeit, dass es nicht möglich war, einen solchen Amtsträger auch wieder abzuwählen, sondern einzig der Rücktritt geblieben wäre, den Graf trotz aller Kritik nicht antrat. In der darauffolgenden Debatte erwogen die Regierungsparteien, auch die Abwahl eines Nationalratspräsidenten zu ermöglichen, doch dabei blieb es bis heute, weil man sich auf keinen Modus einigen konnte.

Ich weiß schon, dass ich von einschlägigen Kreisen spätestens jetzt als Mitglied der „linken Jagdgesellschaft" identifiziert wurde, aber trotzdem ist es mir unverständlich, warum das Parlament nicht das Recht haben sollte, jemanden, der das mehrheitliche Vertrauen verloren hat, auch wieder (z.B. mit zwei Dritteln der abgegebenen Stimmen, also mit einem erhöhten Zustimmungserfordernis) abwählen zu können. Mein Verdacht ist, dass man es bewusst unterlässt, etwas zu ändern, um sich nicht der Frage stellen zu müssen, warum man eine Bestimmung eingeführt hat, um sie dann nicht anzuwenden. Schließlich erfolgte ja auch die Materialbestellung bei einem rechtsextremen Verlag nicht von Graf, sondern von Mitarbeitern. Da fesselt sich das Parlament lieber selbst, als sich klar gegen eine Geisteshaltung deklarieren zu müssen.

Transparenz bei Einkommen, Vermögen und Wahlkampfkosten

Zu den unbedingten Geboten der Transparenz gehört auch, dass die Einkommens- und Vermögensverhältnisse vor Antritt eines Mandates und bei Ausscheiden beziehungsweise nach dem Ende einer Wahlperiode dem Bundesrechnungshof detailliert unter Anführung sämtlicher Funktionen und Beteiligungen bekanntzugeben sind. Dies gilt auch für die jährlichen Steuererklärungen; zumindest der diesbezüglich geltende deutsche Standard sollte dabei erreicht werden. Im Gegenzug ist im Bezügegesetz finanziell der hohen Verantwortung, die ein solcher Mandatsträger hat, ausreichend Rechnung zu tragen. Wichtige Arbeit muss auch entsprechend honoriert werden – über die Qualität dieser Arbeit hat der Wähler, die Wählerin zu entscheiden.

Wer gute Arbeit erwartet, braucht gute Leute, die dafür eine adäquate finanzielle Ausstattung erhalten. Das Parlament soll nicht aus Mitgliedern bestehen, die es sich leisten können, sondern solchen, die etwas leisten können. Ein jährlicher Rechenschaftsbericht jeder/s Abgeordneten würde darüber mehr Auskunft geben als die üblich gewordenen Redestatistiken, die nur einen verzerrten Blick auf die „Faulen" und die „Fleißigen" zulassen. Es läge dann an den Medien, einen vertieften Einblick in die Arbeit von MandatarInnen zu geben und Veröffentlichungen im Internet wären eine Bringschuld des Mandatars, der Mandatarin und eine Holschuld interessierter WählerInnen.

Auch die ausreichende personelle Ausstattung der Abgeordneten mit MitarbeiterInnen gehört zu den Voraussetzungen für ein erstarktes Parlament, damit die heute gegebene Dominanz der Vollziehung zumindest verringert, wenn schon nicht zur Gänze abgebaut werden kann. Das gilt in gleicher Weise für die Parlamentsdienste im legislativen Bereich, um die Gewaltenteilung zwischen Gesetzgebung und Vollziehung nicht als papierenen Verfassungsinhalt zu belassen.

Apropos „sich leisten können": Wahlerfolge dürfen nicht davon abhängig sein, welche materiellen Mittel die jeweilige Partei oder KandidatInnen einsetzen, sondern von der Glaubwürdigkeit und Akzeptanz ihrer Programme und Persönlichkeiten. Gefördert werden soll ein Wettbewerb der Ideen und nicht der Plakate, Inserate, Postwurfsendungen und Fernseheinschaltungen, und verhindert werden soll ein System der Verschleierung und Intransparenz wirklicher Kosten.

Daher ist bezüglich der Wahlkampfkosten für möglichste Chancengleichheit aller Wahlwerbenden zu sorgen. Wahlkampfkosten sind auf der Basis der Wahlberechtigten sowohl für die wahlwerbenden Gruppen als auch die einzelnen KadidatenInnen gesetzlich zu begrenzen und dem Rechnungshof detaillierte Abrechnungen vorzulegen. Dabei sind auch jene Werbeaktivitäten und Sach- wie Personalleistungen einzubeziehen, die von Unter- und Nebenorganisationen einer Partei, nahestehenden Gruppierungen, Wahlkomitees und Einzelpersonen erbracht werden.

Umgehungen, etwa durch die Finanzierung der Kosten durch Dritte (einschließlich der Zurverfügungstellung unentgeltlicher Sachleistungen und Personalbeistellungen) sind verboten und ebenso unter Strafandrohung zu stellen wie eine relevante Überschreitung der Kosten (diese Bandbreite muss definiert werden). Wesentliche Verstöße sollen zu Sanktionen gegenüber wahlwerbenden Gruppen beziehungsweise zur Entziehung des Mandates einer/s Direktgewählten durch den Verfassungsgerichtshof führen.

Aufwertung der Parlamentsarbeit

Ein auf Grund dieser Prinzipien neu gewähltes Parlament wird auch leichter die immer wieder gestellten Fragen nach einer Aufwertung des Nationalrats beantworten können. Es sollen dazu zwei Überlegungen beigetragen werden: Im Zentrum der Parlamentsarbeit sollte die Gesetzgebungskompetenz stehen. Wie ist es wirklich darum bestellt? Heinrich Keller hat schon darauf hingewiesen, dass die Regierung in der Praxis nicht mit „Regierungsvorlagen“ als Vorschlag an das Parlament herantritt, sondern den weitgehend unabänderlichen Inhalt von Parlamentsentscheidungen bestimmt.

Die Vorlage selbst hat dabei bereits ein Begutachtungsverfahren durchlaufen, in dem viele (nicht alle) gesellschaftlich relevanten Gruppen – insbesondere die Sozialpartner – ihre Meinung und Abänderungs-/Ergänzungsvorschläge eingebracht haben. Wichtige Vorhaben unterliegen dann dem Prozess parteiinterner Abstimmungen in diversen Gremien und schlussendlich dem Einstimmigkeitsgebot für Regierungsbeschlüsse. Kommt Einstimmigkeit nicht zustande, wobei darüber zunächst in koalitionären Kleingruppen verhandelt wird, ist ein Vorhaben „gestorben“. Eine abweichende Meinung ist daher nicht möglich, bevor sich dem Projekt die Parlamentstüren öffnen. Solchermaßen vorgekaut endet dann der „Verdauungsvorgang“ mit der Abstimmung. Das Parlament als „letzte Instanz“ – im mehr als doppeldeutigem Sinn. Daran ändern auch Initiativanträge, Enqueten, Hearings nicht wirklich etwas.

Lassen wir die derzeit Letzten die künftig Ersten sein!

Warum sollte dem geschilderten prozessualen Ablauf nicht eine Debatte im Parlament vorangehen, die in eine Entschließung mündet, welche grundsätzliche, noch nicht im Detail ausformulierte Inhalte eine Reform haben soll? Aus dem Auftragnehmer von heute könnte so der Auftraggeber von morgen werden.

Kontrollrechte zählen zu den wichtigsten Aufgaben des Parlaments. Den Minderheiten kommt dabei eine besondere Rolle zu, weil es keine Unterstellung ist, wenn man davon ausgeht, dass eine Parlamentsmehrheit zumeist eher bereit ist, die von ihr getragene Regierung zu unterstützen und die Einsetzung von Untersuchungsausschüssen zu vereiteln, wenn es um unbequeme Themen geht. Natürlich muss mit einem solchen Recht sorgsam umgegangen werden, weil es ja nicht dazu führen soll, dass die Parlamentsarbeit durch die willkürliche Einsetzung solcher Ausschüsse blockiert wird.

Aber wenn es erst der „rauchenden Pistole" bedarf, bis untersucht wird, und bis dahin jedes Argument recht ist, um beispielsweise nicht auch nur den Zipfel der Decke in Sachen Beschaffung lüften zu müssen, wird das Kontrollrecht ad absurdum geführt. Dabei weiß jeder, der mit Beschaffungsvorgängen einigermaßen vertraut ist, dass mit der Höhe des Kaufbetrags die Korruptionsgefahr, vor allem wenn es um Waffensysteme geht, wächst. Und der Kauf der Eurofighter war der größte Beschaffungsvorgang in der Geschichte der Republik, Korruption dabei schon immer vermutet.

Der Grüne Abgeordnete Peter Pilz spricht hier von Schmiergeld in der Höhe von bis zu 100 Millionen Euro. Weiter untersucht wird wohl erst dann, wenn die Fakten und Verdachtsmomente so schwerwiegend sind, dass auch die Mehrheit nicht um die Fortsetzung des von ihr beendeten Untersuchungsausschusses herumkommt.

Es war übrigens jenes Geschäft im Namen der Republik, bei dem der damalige Finanzminister Karl-Heinz Grasser eine 180-Grad-Kehrtwende machte und von einem Tag auf den anderen zum Befürworter des Eurofighters wurde.

So bleibt es also weiterhin dabei, dass ein Untersuchungsausschuss nur dann eingesetzt werden kann, wenn es der Mehrheit genehm ist, obwohl bereits 2010 der Opposition eine derartige Reform versprochen worden war.

Die Minister und ihre „Kabinette"

Das Parlament ist nun einmal nicht die Abstimmungsmaschinerie, deren sich die Regierung bedient, und seine Abgeordneten und Fraktionen nicht Erfüllungsgehilfen von MinistersekretärInnen, die sich oftmals als Alter Egos bestellter Amtsinhaber gerieren. Verliehene Macht wird dabei so lange und so oft weiterverliehen, bis ein ganzes Geflecht an „Afterlehen" entstanden ist.

Die sogenannten „Ministerkabinette" (früher waren es einfach Büros mit Sekretären) erfuhren eine epidemische Vergrößerung, die aber sichtlich nicht von einer ebenbürtigen Qualitätsverbesserung begleitet wird. Immer wieder habe ich den Eindruck, dass die erfolgreiche britische Fernsehserie „Yes

Minister“ bei uns ihre realsatirische Umsetzung erfährt. So sind aufgeblähte Kabinette oftmals zu einem Puffer zwischen dem Minister, der Ministerin und der Beamtenschaft seines Hauses geworden. Dabei wird „vernetztes Denken“ zumeist als „Denken in Netzwerken“ missverstanden.

„The way to hell ist paved with good intentions“, der Weg zur Hölle ist mit guten Vorsätzen gepflastert, sagt ein englisches Sprichwort. Gilt das auch für eine Koalition, die sich vorgenommen hat, innere Harmonie sichtbar werden zu lassen? Ich weiß es nicht – warten wir einmal ab. Konsequent wie sie sind, haben ihre beiden Chefs auch die Damen und Herren, die in SPÖ und ÖVP für die Pressearbeit der Minister, der Parteizentralen, der Klubs und Parlamentspräsidenten verantwortlich sind, angehalten, die Zusammenarbeit zu verbessern.

So kam es im Juni 2011 im Parlament zu einem ersten Zusammentreffen der „PressearbeiterInnen“ – natürlich gab es auch einem Fototermin samt „Formung neuer Achsen“. Und so strahlen dem Interessierten aus der Zeitung junge Damen und Herren in der zahlenmäßigen Stärke dreier Fußballmannschaften entgegen. Sie sind wahrlich nicht um ihre Arbeit zu beneiden, könnten sie doch miteinander die innenpolitische Redaktion gleich mehrerer Zeitungen füllen.

Franz Fischler hat in einem Interview mit den „Salzburger Nachrichten“ am 1. 12. 2010 die „Herrschaft der Sekretäre“ völlig zu Recht angeprangert und ihre Wirkung folgendermaßen beschrieben: „Die Entscheidungen fallen zunehmend auf Kabinettsebene. Dieser Unfug hat enorm zugenommen. Die Macht dieser Leute wird immer größer, ihre Qualität aber nicht. Es ist fast unmöglich geworden, an einen Minister heranzukommen. Die Spitzenbeamten, und darunter gibt es sehr viele (sehr gute) Leute, bekommen gar keinen Termin mehr. Da bleibt unglaublich viel Know-how liegen, darauf dürfen wir nicht verzichten.“

Nun könnte man Fischler oder auch mir sowohl Übertreibung als auch eine allzu subjektive Sicht der Dinge unterstellen. Aber auch in der Presse sieht man diese „Kabinette“ äußerst kritisch. Alexander Purger warf in den „Salzburger Nachrichten“ vom 21. 6. 2011 einen Blick auf die in den Ministerien gelebte Praxis. Wegen seiner aufschlussreichen Innensicht soll der gesamte Artikel wiedergegeben werden. Es ist nämlich alles noch viel schlimmer.

> Die Parteipolitik nimmt auf die heimische Verwaltung einen immer größeren Einfluss. Eine Schlüsselrolle kommt dabei den Politsekretären in den Ministerkabinet-

ten zu. Sie werden immer mehr. Und sie drücken der Verwaltung den Willen ihres Ministers und ihrer Partei auf. Mitunter agieren die Ministersekretäre dabei am Rande der Legalität, stoßen aber auch immer öfter auf willfährige Beamte. Dieser alarmierende Befund kam am Montag vom „Führungsforum innovative Verwaltung", einem Zusammenschluss von rund 200 Spitzenbeamten. Das FIV stützt sich dabei auf ein Buch des Verwaltungsexperten Wolfgang Gratz, der darin 43 Spitzenkräfte der Verwaltung nach ihren Erfahrungen gefragt hat.

An sich, so sagt Gratz, hätten die Ministersekretäre ein wichtige Funktion als Scharnier zwischen Politik und Bürokratie. Irgendwie müsse der Minister seinen politischen Willen ja an die Beamten vermitteln. Immer wieder werde diese Scharnier-Funktion aber für parteipolitische Zwecke missbraucht, berichtet Gratz.

Bei den meisten Interventionen von Ministersekretären geht es darum, Personalentscheidungen oder die Vergabe von Geldmitteln (etwa für Inserate) im parteipolitisch gewünschten Sinn zu beeinflussen. In der Regel werden diese Interventionen als „Wünsche des Ministers" formuliert – allerdings nur mündlich. Die Intervention des Ministersekretärs scheint schriftlich nirgends auf. Sollte sich ihre Unrechtmäßigkeit herausstellen, bleibt die Angelegenheit also nicht an ihm, sondern am ausführenden Beamten hängen. Gratz: „Die Sekretäre bewegen sich dabei im rechtsfreien Raum. Das ist sehr problematisch."

Warum lassen sich die öffentlich Bediensteten aber diese Praxis gefallen? FIV-Vorsitzende Heidrun Strohmeyer: „Verlangt ein Beamter eine schriftliche Weisung, wird das von den meisten Ministern schon als Kampfansage empfunden." Und dafür fehle den Beamten oft der Mut.

Warum Mut? Die Beamten sind doch ohnehin pragmatisiert, also kann ihnen doch ohnehin nichts passieren? „Schon", antwortet Gratz, „aber die Spitzenpositionen im öffentlichen Dienst werden nur noch auf fünf Jahre vergeben. Daher meidet jemand, der wiederbestellt werden will, den Konflikt mit dem Minister."
Die klassischen Tugenden des österreichischen Beamten – seine Überparteilichkeit, seine Orientierung am Staatsganzen und seine Pflicht, den Ressortchef objektiv zu beraten – gerieten dadurch immer mehr ins Hintertreffen, beklagt das Forum der Spitzenbeamten. Verschärft wird diese Entwicklung dadurch, dass Spitzenpositionen in der Verwaltung immer öfter nicht an „gelernte" Beamte gehen, sondern mit ehemaligen Sekretären aus dem Ministerbüro besetzt werden. In den letzten fünf Jahren passierte das 30 Mal. Parteipolitische Verlässlichkeit geht vor Sachwissen.
Die Zahl der Sekretäre pro Minister oder Staatssekretär beträgt übrigens zehn bis zwölf. Vor 40 Jahren waren es einer bis zwei. In Summe arbeiten im Kanzler- und in den Ministerkabinetten zurzeit 150 politische Sekretäre. Bezahlt werden sie nicht von der Partei, sondern vom Staat – meist mit Sonderverträgen.

Ein Blick zurück: So lange es noch Ministerbüros einschließlich der Parlamentsklubsekretariate waren und eben nicht Kabinette und Direktoren, dienten sie auch als Kaderschmiede für Talente, die ihre gewonnene Erfahrung später in verschiedenen politischen Positionen einsetzen konnten. Eine unvollständige, nur dem Gedächtnis entnommene Aufstellung zeigt, aus welchem Reservoir geschöpft werden konnte: Bundespräsident Fischer, Kanzler Vranitzky, die Vizekanzler Mock, Taus und Busek, die MinisterInnen sowie Staatssekretäre Gratz, Lacina, Plassnik und Neisser sind prominente Beispiele dafür.

Minister als Parteisoldaten

Bleiben wir bei den MinisterInnen und der Art ihrer Bestellung. Übertrieben könnte man sagen, wir befinden uns auf dem Weg zu einer Militärregierung. Eine ganze Batterie von Parteisoldaten, vom Bundeskanzler bis zum Staatssekretär, ist aufgeboten worden. Aufgewachsen und ausgebildet in einem Sekretäre-Biotop aus dem Reich der Parteien, Sozialpartner und parteinaher Organisationen. Geeicht im Bewältigen von Ochsentouren, gestählt in internen Intrigen, gestärkt durch Netzwerke.

Als ihre Qualifikation wird oftmals das „Politische“ genannt, was immer das ist. Bezeichnend dafür ist, wenn in Diskussionen die Stehformel „Die Menschen draußen“ verwendet wird. Bitte, so muss man sich fragen: Wo ist denn „drinnen“? In den Parteisekretariaten, in der Kammerbürokratie, in Ministerkabinetten, in Abstimmungssälen?

Diese Binnenmentalität ist gewachsen in geschützten Bereichen, wo die animalische Fähigkeit entwickelt wird, Gefahr zu wittern, die personell oder institutionell der eigenen Karriere droht. Heimatbezirke, Bündeorganisationen werden zu Machtzentren und Karriereleitern, Loyalitäten zu Beförderungsanlagen.

Ob das übertrieben ist, werden Sie sich fragen?

Nein, entgegne ich – ich war auch einmal „Part of the system“, welches ich mit größer werdendem (auch zeitlichem) Abstand immer klarer und auch kritischer betrachte. In gewisser Weise war ich Nutznießer dieses Systems: Matura, unvollendetes Jus-Studium, gleichzeitig öffentlich Bediensteter, dann Klubsekretär im Salzburger Landtag (als Parteiangestellter), Landesparteisekretär, Bundesrat, Landesrat und schließlich Landhauptmann-Stellvertreter. Eine (fast) lupenreine Karriere, wenn man es aus der Parteibrille betrachtet, mit wahrscheinlich ein paar Erfolgen, die eine gewisse Dauer haben, möglicherweise (wirkliche) Anerkennung auch für meine spätere Tätigkeit im Wirtschaftsbereich. Und wahrscheinlich war es vor dreißig, vierzig Jahren auch etwas anders als heute.

Ich will auch nicht verhehlen, dass im positiven Fall mit dem Arbeiten in einer gleich-gesinnten Gruppe Gefühle der Geborgenheit, der Zugehörigkeit, des Miteinander in einer Gemeinschaft verbunden sind, die für den Einzelnen hilfreich und unterstützend sind, solange sie nicht zur Kumpanei degenerieren und zu Seilschaften verkümmern.

Auch darf nicht vergessen werden, dass es eine ganze Reihe außerordentlich erfolgreicher „BerufspolitikerInnen“ gab und immer noch gibt, deren Erfahrung, in vielen Jahren gesammelt, dem Land nützte und nützt. Es geht also in erster Linie nicht um die Frage BerufspolitikerInnen versus QuereinsteigerInnen, denn für beides gibt es gute und schlechte Beispiele, sondern um die Kriterien, die die Auswahl begleiten.

Ist die Nähe zur „Kronen Zeitung“ dabei wichtiger als inhaltliche Standpunkte? Oder nähern wir uns jener Beliebigkeit, die in dem abgeänderten Sprichwort gipfelt „Du sollst den Tag nicht vor der nächsten Zeitung loben“? Bestimmt der Boulevard die Themen, wie zuletzt bei der Bundesheer-Debatte geschehen? Das neue Motto: „Wie soll ich wissen, was ich denke, bevor ich lese, was ich sagen werde?“

Und eine ganze Partei schweigt, wie schon zuvor beim EU-Kotau! Auch wenn es hart klingt: Mir fällt dazu nur eines ein: erbärmlich. Wobei mein Erbarmen den ZuseherInnen und nicht den AkteurInnen solcher Schmierenkomödien gilt. Und aus Erbarmen wächst Empörung. Manche werden mich deshalb Nestbeschmutzer nennen. Aber was soll ich von einem Nest halten, das mir wegen seiner mausgrauen Vögel, die es in Besitz genommen haben, immer fremder wird? Mich wundert es nicht, wenn immer weniger bunte Vögel zufliegen. Nestwärme ist wenig zu spüren – sie wird nur denjenigen zuteil, die sich durch Art und Gattung einfügen und unterordnen. Oberster Grundsatz dafür ist, dass keine Krähe der anderen die Augen aushackt.

Du übertreibst, es ist alles nicht so schlimm, werden andere antworten. Niedrige Arbeitslosenraten haben wir, keine Verteilungskämpfe erleben wir, hoch oben in der Wohlstandsskala sind wir angesiedelt, sicherer als anderswo fühlen wir uns, in der Provinzialität heimisch sind wir, blühende Landschaften besitzen wir, Bildung behaupten wir, Mozart preisen wir, Kreuze wollen wir, Minarette streichen wir, das Fremde begrenzen wir, das Andere ignorieren wir, das Kranke strafen wir, das Abartige bekämpfen wir, das Unösterreichische höhnen wir, das Schneidige loben wir, das Volkstümliche unterstützen wir, die Skispringer bejubeln wir, Unangenehmes verweigern wir, Pensionen bekommen wir, Urlaube genießen wir, die „Kronen Zeitung“ und ihre Verwandtschaft lieben wir, wo immer sie regiert, und was noch?

Ja, wunderbare Feindbilder, bestehend aus internationaler Atomlobby und globaler Finanzmafia, verzeichnen wir.

Mächtige Gegner, große Ehr’, denke ich mir. Und dabei fällt mir Faymanns Kampfansage an die „Atomlobby“ ein. Aber Faymann hat hier auf das falsche Pferd gesetzt. So hat der ehemalige Präsident des EU-Parlaments, Klaus Hänsch, die groß angekündigte EU-Initiative Werner Faymanns und seines – auch Hänschs Parteifreunds – Sigmar Gabriel als Chimäre entlarvt, mit der sogar Strache seine Freude hätte. Ein Volksbegehren zum Ausstieg aus der Atomenergie wäre „Volksverdummung“, denn die EU habe gar keine Kompetenz in Energiefragen, erklärte Hänsch. – Ein weiterer Kommentar erübrigt sich.

„Tor, Tor, Toor – I werd narrisch!"

Diese Worte eines Radioreporters klingen noch heute jedem Österreicher (und vielen Österreicherinnen) im Ohr (auch wenn er sich nicht sehr für Fußball interessiert), sobald die Sprache auf den 3:2-Sieg Österreichs gegen Deutschland bei der Fußballweltmeisterschaft 1978 in Argentinien kommt. Vor nunmehr 33 Jahren hatte David Krankl den deutschen Goliath auf dem Fußballfeld besiegt und sich somit im Alten Testament unserer Fußballbibel verewigt. Wie wir regelmäßig und leidvoll erfahren müssen, wird es jedoch noch lange dauern, bis die sportlichen Seiten eines Neuen Testaments aufgeschlagen werden können. Bis dahin wird Davids Heldentat an den Lagerfeuern österreichischer Fußballfans für glänzende Augen sorgen.

Ein viel bedeutenderer Sieg im selben Jahr wurde aber von vielen (auch von mir) nicht als solcher empfunden, obwohl er es aus heutiger Sicht verdient hätte und dementsprechend viele Väter ihn für sich reklamieren. Es war auch das Jahr der Volksabstimmung über das Kernkraftwerk Zwentendorf, die nicht nur für Siegesgeheul sorgte, sondern auch Katzenjammer in weiten Kreisen der SPÖ und der Wirtschaft auslöste. In den Augen Letzterer hatte Österreich damit den technologischen Anschluss an die industrielle Moderne endgültig verpasst.

Bald war der Schuldige für dieses Desaster ausgemacht: nämlich Bundeskanzler Kreisky, der das Ergebnis der Volksabstimmung mit seinem politischen Schicksal verbunden hatte. (Dass er wenige Monate danach, nämlich am 6. 5. 1979, mit einem Stimmenanteil von über 51 Prozent den größten Wahlerfolg in der Geschichte der Republik verzeichnete, machte für manche BefürworterInnen der Atomenergie, die eigentlich politische Gegner waren, die Sache nur noch schlimmer.) Es mag schon sein, dass Kreiskys „Ja zur Atomkraft" mit ausschlaggebend war. Aber es fällt mir Kurt Tucholsky ein, der so klug konstatierte: „Das Volk versteht oft falsch, aber es fühlt richtig." Wer hätte auch vor Tschernobyl und Fukushima richtig „verstehen" können, welche Gefahren die Kernenergie in sich birgt, wenn zu ihren BefürworterInnen ganze Legionen von WissenschafterInnen gehörten, die z.B. mit allerlei Wahrscheinlichkeitsrechnungen nachzuweisen versuchten, dass die Staumauer des Wasserkraftwerks Kaprun viel gefährdeter sei als das Kernkraftwerk in Zwentendorf.

Da waren die GegnerInnen aus weicherem Holz geschnitzt: Sie sprachen von der Verantwortung für künftige Generationen, die sich mit dem Müll der

Energieproduktion ihrer fernen Ur-Ur Großväter herumschlagen würden müssen; von Gefahren, die sich der mathematischen Berechnung entziehen, wenn an die Stelle der Wahrscheinlichkeit der Zufall tritt und von Werten der Ethik, die den Menschen leiten müssen. Es war der argumentative Kampf der „Softies" und „Bewahrer" aus den Reihen der Geisteswissenschaften gegen die „Hardliner" und „Modernisierer" der Naturwissenschaften, der nicht von Kreisky, sondern von Gefühlen entschieden wurde. Es war nicht eine Sache des Verstehens, sondern des Fühlens.

Ich schreibe diese Gedanken in einer Nacht nieder, die dem 30. 5. 2011, dem Tag wichtiger und weniger wichtiger Entscheidungen folgte. Es war einerseits der Tag, an dem unsere Regierung auf dem „Zauberberg" (Semmering) ihre 92 Ansagen für die zweite Hälfte der ihr eingeräumten Spielzeit machte. Es war aber vor allem auch der Tag, an dem die deutsche Bundesregierung den Beschluss fasste, dass das letzte Atomkraftwerk in ihrem Wirkungsbereich im Jahr 2022 stillgelegt werden soll. Kurz zuvor war die Schweizer Regierung zu ähnlichen Entscheidungen, allerdings über einen längeren Zeitraum, nämlich bis 2034 verteilt, gekommen.

Es geht also doch – nämlich das Umsetzen eines Ausstiegsszenarios, das noch vor kurzem als naiv und unrealistisch bezeichnet wurde. Was mich dabei beeindruckte, war der Optimismus, mit dem die Entscheidung durch die politisch Verantwortlichen verknüpft wurde. Keine Rede von drohenden Industrieruinen in blühenden Landschaften, keine Rede mehr von Mangelwirtschaft, keine Rede mehr von verlorengehender Wettbewerbsfähigkeit – wohl aber von riesigen Investitionsschüben durch erneuerbare Energien, von neuen Chancen für deutsche Ingenieure, von zusätzlichen Arbeitsmöglichkeiten für die Deutschen. Hier hat eine europäischer Löwe spät, aber gut gebrüllt, weil das Volk richtig gefühlt hat, wie die Wahlergebnisse in Baden-Württemberg zuvor beweisen.

Und so kann das österreichische Volk ein wenig für sich in Anspruch nehmen, dass es vor 33 Jahren nicht nur in Córdoba, sondern auch auf einem viel bedeutenderen Feld als jenem des Fußballs noch einmal gesiegt hat – mit dem Stimmzettel nämlich. Kein Freudenbecher ohne Wermutstropfen jedoch.

Der „Zeit im Bild" um 19.30 Uhr, wo Österreichs Kanzler und Vizekanzler kreuzbrav in ihren Aussagen, lammfromm in ihrem Auftreten, harmoniestrahlend in ihren Augen-Blicken und in gemeinsamer Sprachdürftigkeit die Spielzüge für die zweite Halbzeit ihres Tuns erläuterten, folgte im ZDF eine Publikumsdiskussion mit dem deutschen Umweltminister Roettgen zum

Thema „Atomausstieg". Es ist kein Zufall, dass mir spontan das Klagelied eines Wieners einfiel: „Von mir gibt's in Deutschland zehn, und ich muss alles allein machen." Deshalb gewinnen sie auch im Fußball immer wieder. Doch wo sind unsere Krankls, Prohaskas, Saras bloß in der Politik geblieben?

Wir haben sie auch heute noch, wir müssen sie nur spielen lassen. Solange aber Landesverbände und Klubs die Mannschaftsaufstellung bestimmen, werden wir auf das „Wunder von Córdoba" in der Politik noch warten müssen und die Spielmacher werden so weitertun, wie „Ein Duo zwischen Anstand und Ängstlichkeit" (Gerald John, Nina Weißensteiner, „Der Standard", 28./29. 5. 2011) eben agiert. Im Vorjahr habe der neue ÖVP-Chef, so John und Weißensteiner, seine als Nationalrat und EU-Abgeordneter, als Zweiter Parlamentspräsident und Außenminister gesammelten Thesen auf 50 Seiten zwischen Buchdeckeln gepresst. „Schwarzer Mainstream dominiert, dazu viel Sowohl-als auch. Beispiel Schulen: Spindelegger will das Land zwar zur ‚Bildungsrepublik' machen, die von Experten geforderte Ganztagsbetreuung soll aber nur freiwillig eingesetzt werden." Aber in der SPÖ würden „mutige Visionen" ebenso vermisst, kritische Stimmen in der Partei meinten gar, ihr Chef habe keine Visionen „außer dem Machterhalt". John und Weißensteiner: „Faymann meidet Schlachten, die er nicht sicher gewinnt, lässt als unpopulär verdächtige Ideen gern links liegen. Zur Gerechtigkeitskampagne pro Vermögensteuern rang er sich erst durch, als an der krisenzornigen Parteibasis ein Aufstand drohte." Resümierend zitieren die beiden den Politologen Anton Pelinka, der „eine kurzfristige Ängstlichkeit" und das „Vermeiden von Misserfolg" als „Maxime des dauerfreundlichen Duos" ausgemacht habe.

Ich komme noch einmal zurück auf das Jahr 1978: Damals haben die ÖsterreicherInnen an der Abstimmungsurne mehrheitlich, wenn auch knapp, bewiesen, dass sie mutige Entscheidungen treffen können, selbst dann, wenn ihnen einzureden versucht wird, dass sie gegen die eigenen Interessen handeln. Sie haben damit der Regierung die Stirn geboten und sie könnten das wieder tun. Dann, wenn es um die Bildungschancen zukünftiger Generationen und wenn es um eine neue Qualität unserer Demokratie geht.

„Was kann ich schon bewirken?" höre ich immer wieder, auch von jenen, die mir im Prinzip zustimmen. Nehmt euch an 1978 eine Beispiel und setzt euer Recht der Mit-Bestimmung bei einem Volksbegehren ein, möchte ich ihnen vorschlagen: Eure Mütter und Großväter haben es bewiesen, dass es geht, wenn es um etwas geht.

Gehen statt stehenbleiben.
Fortschritt statt Stillstand.
Bewegung statt Erstarrung.
Stimmt ab, statt bestimmt zu werden.
Es ist Zeit für einen Wandel.

Personalauswahl und Coach-(Un)Wesen

Es ist höchste Zeit zum Wandel bei denjenigen, die die Politik steuern. Da fällt mir noch einmal Gerd Bacher ein: „Sie haben wenig Sachkenntnis, Courage und Kommunikationstalent. Sie sprechen keine Sprachen und reden trotzdem überall mit. Oft das entscheidende Wort. Viele ihrer Handlungen kommen nicht aus böser Absicht, sondern aus Unkenntnis, aus selbstbewusster Unfähigkeit. Bei Windstärke zwölf reicht es nicht, nur rudern zu können. Erstklassige Leute holen Erstklassige, Zweitklassige holen Drittklassige. Anstelle der Auswahl der Elite, die man mit der Prominenz verwechselt, regieren Freunderlwirtschaft und Seilschaften des Durchschnitts." (Hösele 2010, S. 15f.)

Die Wurzel der Übertreibung ist auch hier die tatsächliche Situation. Ist es ein Mangel an Persönlichkeiten, der zu dieser politischen Mangelwirtschaft führt? Ich bin mir sicher: Das ist es keineswegs. Aber wir leben in einer Zeit sich selbsterfüllender Prophezeiungen. Ist die allgemeine Erwartungshaltung schon einmal niedrig und die verbreitete „Jobdescription" wenig anspruchsvoll, dann wird die negative Erwartungshaltung oftmals durch die herrschende Besetzungspraxis übertroffen. Mein Verständnis gilt all jenen ausgezeichnet Qualifizierten, denen die Bereitschaft fehlt, sich angesichts der herrschenden Meinung und Umstände ein solches Amt anzutun, und meine Hochachtung gehört jenen, die es mit ausgezeichneter Qualifikation trotzdem tun.

Wirkliche Autorität muss erarbeitet und kann nicht mit dem Amt verliehen werden. Der alte Spruch „Wem Gott gibt ein Amt, dem gibt er auch Verstand" ist in republikanischen Zeiten ein Irrglaube, der nur noch von den Betroffenen geteilt wird. Die Zeiten, in denen man mit Kaisers und Gottes Gnaden ausgestattet ein Amt verwesen konnte, sind bald ein Jahrhundert vorbei, auch wenn der Kaiser und der liebe Gott durch Parteigremien und Lobbys ersetzt wurden.

„Beim Coach auf der Couch" – so titelt ein Kommentar von Hans Winkler in der „Presse" vom 31. 1. 2011, der sich mit der Frage beschäftigt, inwieweit den PolitikerInnen bestimmte BeraterInnen helfen. Winkler nimmt den Bundeskanzler als Beispiel, der bekanntlich einen Coach zur Verbesserung seines (stimmlichen) Auftretens beschäftigt. „Selbstverständlich ist nichts dagegen einzuwenden, dass ein Politiker, noch dazu, wenn er Bundeskanzler ist, ordentlich reden kann." Für Winkler geht in diesem Fall die Frage nach der Berechtigung von Coaching am Kern der Sache vorbei: „Faymann hat ja nicht ein Darstellungsproblem, er hat ein Substanzproblem. Er will nichts und interessiert sich auch für wenig – außer dafür, Erfolg für seine Partei zu haben,

den er als Sozialdemokrat automatisch gleichsetzt mit Erfolg für das Land. Ein ‚neuer Faymann' aber wäre einer, der sich einmal überlegt, was eigentlich für das Land an Reformen notwendig wäre, und der nicht wie ein Paw-low'scher Hund auf Signale der ‚Kronen Zeitung' reagiert."

Damit hier kein falscher Eindruck vermittelt wird: Der Name Faymann ist ersetzbar – in diesem Fall als Beispiel für viele andere. Es gibt aber auch gegensätzliche Möglichkeiten, wie nicht nur die ehemalige Innenministerin („braune Rehleinaugen beeindrucken mich nicht") beweist: Man glaubt ihnen, dass sie so sind, wie sie aussehen. Ihnen steht die Authentizität in jenes Gesicht geschrieben, für das man ab einem bestimmten Alter selbst verantwortlich ist.

Ich weiß, dass es nicht sehr charmant ist, was ich hier schreibe, aber diese Form der Ehrlichkeit im Ausdruck ist mir immer noch sympathischer als das unverbindliche Dauerlächeln aus der Faymann'schen Prä-Coaching-Phase.

Als es in Hallein um ein Werk mit hunderten Arbeitsplätzen ging, das geschlossen werden sollte, bewegte man den noch an Amtsmonaten jungen Kanzler, eine Protestnote der Gewerkschaft zu unterstützen. Natürlich war ein Fotograf dabei, als Faymann unterschrieb. Sie ahnen richtig: Der Kanzler lächelte! Stereotyp wie immer, offensichtlich ausgelöst durch einen Pawlow'schen Kameralinsenreflex.

Wer pfeift nicht gerne zum Tanz beim ORF?

Mag sein, dass Alexander Wrabetz seine Sache als ORF Generalintendant gar nicht so schlecht gemacht hat – ich maße mir kein Urteil an, wenngleich viel Kritisches zu hören und zu lesen ist. Aber wie immer gilt auch hier, dass das Bessere Feind des Guten ist. Und darin sind sich alle Kommentatoren einig, dass gerade dies auf Gerhard Zeiler zutrifft.

Gerd Bacher, der für seine scharfe Zunge und spitze Feder bekannt ist, gerät fast ins Schwärmen, wenn er in der „Presse" (9. 6. 2011) schreibt: „Zur Verfügung stünde – ohne Übertreibung ein Weltklassemann, der seit Jahren erfolgreich Europas größtes TV- und Radionetz leitet." Stünde – also Konjunktiv –, weil er abgesagt hat. Nicht weil ihm das Einkommen im Vergleich zu seinem heutigen zu gering ist, nicht weil ihm die Aufgabe zu mühsam wäre („Der ORF hat ein kreatives Problem, er hat ein finanzielles Problem und er hat strukturelle Probleme. Aber alle diese Probleme sind lösbar"), nicht weil ihm Österreich doch zu klein ist, nicht weil er sich Veränderungen doch nicht zutraut. Die Gründe nannte Zeiler in einem „Profil"-Interview (6. 6. 2011) selbst: „Ich habe schon nach wenigen Gesprächen erkannt, dass es bei der Frage, wer der nächste ORF-Generaldirektor werden soll, in wesentlichen Teilen der Politik nicht darum geht, wer das Unternehmen am besten führen kann, sondern wer willfährig parteipolitische Personalwünsche umsetzt. Darum ist mir die Entscheidung, nicht zu kandidieren, relativ leicht gefallen. Einem derartigen Anforderungsprofil hätte ich in keiner Weise entsprochen."

Dass wohl Faymann und seine diensteifrigen Helferlein in der Löwelstraße und in den ORF-„Freundeskreisen" gemeint sind, wenn es um parteipolitische Personalwünsche gegangen ist, ergibt sich indirekt aus einer anderen Aussage Zeilers: „Ja, und bei diesen Gesprächen [mit der ÖVP, Anm.] gab es kein einziges unmoralisches Angebot. Mir wurde gesagt: ‚Wir würden uns freuen, wenn Sie es sich überlegen und kandidieren. Wir erwarten von Ihnen nicht, dass Sie uns irgendwelche Personalwünsche erfüllen.'" („Die Presse", 4. 6. 2011) Na ja, ganz so selbstlos ist die ÖVP wiederum auch nicht. Wahrscheinlich wird sie sich gedacht haben: Wenn schon ein Roter nicht zu verhindern ist, dann wenigstens einer, der unabhängig ist und auch noch sehr kompetent. Einer, der bestimmt nicht nach der Pfeife Faymanns tanzt. Zeiler macht in seiner Absage noch einmal deutlich: „Man kann kein Unternehmen [...] erfolgreich führen, wenn Personalbesetzungen bis zur Abteilungsleiterebene von politischer Seite beeinflusst werden und ständig parteipolitische Personalwünsche geäußert werden."

Als Sozialdemokrat stimmt es mich traurig, wenn ich den gepfefferten Kommentar Gerd Bachers in seinem erwähnten „Presse"-Beitrag lesen muss und ihm nicht einmal widersprechen kann:

> Noch nie zuvor stand der Beste so eindeutig fest, und den jeweils Besten zu wählen ist wohl der Auftrag des Rundfunkgesetzes. Stattdessen wurden und werden von bekannter Spitzenadresse alle möglichen Verleumdungen in Umlauf gesetzt, so zum Beispiel, dass Zeiler ein purer Kommerzialist sei und dass er als Generaldirektor den ORF an Raiffeisen verscherbeln würde. Blödsinnigeres ist gar nicht auszudenken: Als ob der ORF wie ein Würstelstand zu verhökern wäre und nicht alle zuständigen Gesetze verhinderten, dass ein Generaldirektor das ganze Unternehmen oder Teile von ihm freihändig verkaufen könnte.
> Warum der Vorsitzende der SPÖ, der Bundeskanzler, den Generaldirektor Zeiler mit allen Mitteln verhindern möchte, hat neben den zwei oben genannten Unsinnigkeiten zwei Hauptgründe: Erstens will er weiterhin eine gefügige Geschäftsführung; zweitens fürchtet er nicht nur den unabhängigen Generaldirektor, sondern auch den Bundeskanzler Zeiler. Auch den könnte Zeiler besser. Der Republik wird hier aus niederer Gesinnung schwerster Schaden zugefügt. Wie lange lässt sich Österreich die Willkür der Kleingeister noch gefallen?

Von eben diesem Gerd Bacher stammt ein vor Jahrzehnten geprägter Ausspruch, der sinngemäß lautet, es sei eine faszinierende Aufgabe, auf der größten Medienorgel des Landes zu spielen. Heute ist alles etwas anders: Die Orgel ist durch jene Pfeife ersetzt, nach der Faymann im ORF tanzen lassen will.

Und die ganze Partei schweigt wieder einmal, obwohl es mit Sicherheit viele SpitzenfunktionärInnen gibt, die wissen, dass Gerhard Zeiler die weit bessere Lösung für den ORF wäre. Und trotzdem, so schweigt man

wie beim „Krone"-Kotau 2008;
wie beim Verfassungsbruch;
wie bei der Heeresreform.
Wie lange noch?
Wie oft noch?

Was ich davon halte, ist mehr oder weniger irrelevant, aber – so denke ich mir – wie fühlt sich ein solches Verhalten für das langjährige SPÖ-Mitglied Zeiler an?

Feig, blöd und ahnungslos

„Feig, blöd und ahnungslos": So bezeichnete im Mai 2011 der Banker Andreas Treichl pauschal die österreichischen PolitikerInnen und handelte sich damit berechtigt vielfach den Vorwurf der Übertreibung und Verallgemeinerung ein. Außerdem sind die ÖsterreicherInnen überzeugt, dass nicht gerade einer der Exponenten jener Banken, die vom Staat in der Krise kräftig unterstützt worden sind, die allererste Adresse darstellt, wenn es um Politikerschelte geht. („Wer im Glashaus sitzt, soll nicht mit Steinen werfen.")

So halten immerhin 53 Prozent der Befragen einer OGM-Umfrage den Vorwurf für berechtigt, dass Treichl abgehoben die Retter der Banken beschimpfte. Umso weniger plausibel mutet es aber an, wenn gleichzeitig in derselben Umfrage 56 Prozent angeben, es sei berechtigt, wenn Treichl die Politiker als „feig, blöd und ahnungslos" bezeichnet.

Der scheinbare Widerspruch löst sich aber dann auf, wenn man die Antworten jede für sich beurteilt. Da kann man zum Schluss kommen, dass die Mehrheit der ÖsterreicherInnen die Dinge so sieht:

1. Wir sind der Meinung, dass die Politiker feig, blöd und ahnungslos sind.
2. Wir sind der Meinung, dass den Banken auf unsere Kosten geholfen wurde, weil sie angeblich systemerhaltend sind; was sind dann wir Steuerzahler im System?

Fazit: Man misstraut dem Boten ebenso wie man seine Botschaft glaubt. Eine solche Einschätzung ist katastrophal, wenn man, ohne in Kassandra-Rufe zu verfallen, an mögliche künftige, vielleicht auch schwerere Krisen denkt. Wem sollen die Menschen dann vertrauen, wenn sie ein derart schlechtes Politiker-Bild vor Augen haben?

Kommt dann vielleicht vom Boulevard der Ruf nach dem „starken Mann", der alles besser machen kann? Oder vertraut man demjenigen und seinem Gefolge, der alles verneint, angefangen von den AusländerInnen über die EU bis hin zum Euro-Rettungsschirm, nach dem Motto „Wir bleiben unter uns, wollen Herr im eigenen Haus sein und sehnen uns nach dem guten, harten Schilling, den wir weder mit Griechen noch Portugiesen teilen müssen"?

Am 20. 5. 2011 veröffentlichte der „Kurier" das Ergebnis der schon überstrapazierten „Sonntagsfrage". („Wen würden Sie wählen, wenn am nächsten Sonntag Nationalratswahlen wären?") Demnach entfielen auf die FPÖ 29, die SPÖ 28 und die ÖVP 23 Prozent der Stimmen. 8 von 10 ÖsterreicherInnen würden sich also für eine dieser drei Parteien entscheiden und zumindest zu diesem Zeitpunkt hätte die FPÖ die Nase vorne gehabt. Ist alleine schon diese Tatsache bemerkenswert, weil offensichtlich Strache schon Programm genug ist, zeigt es, wie bescheiden die Erwartungen der ÖsterreicherInnen geworden sind und was sie alles bereit sind, aus Verärgerung über die Regierenden in Kauf zu nehmen.

Es gab Zeiten, da hat man noch vom „Kanzlerbonus" gesprochen, weil etwa Vranitzky permanent über den Umfragewerten seiner Partei lag und auch als Zugpferd für Unentschlossene eingesetzt werden konnte. Heutzutage würden 24 Prozent Faymann wählen (28 die SPÖ) und 18 Prozent Spindelegger (die ÖVP, wie gesagt, magere 23 Prozent). Vielleicht trösten sich die beiden damit, dass Strache mit 16 Prozent noch deutlicher hinter seiner Partei liegt. Doch um die Täuschung nicht zu groß werden zu lassen, sei daran erinnert, dass Jörg Haider, der im Vergleich zu Strache als intellektuelle Lichtgestalt und Ausbund an Seriosität bezeichnet werden konnte, bei der Kanzlerfrage auf 8 bis 10 Prozent kam. Man kann also die Sache auch anders sehen, wodurch sie noch mehr Tristesse erhält: Die FPÖ liegt voran und Strache holt auf.

Wer will da noch leugnen, dass die Malaise der ehemals staatstragenden Parteien nicht nur in diffusen Ansagen wie Atomlobby, Finanzmafia, Gerechtigkeit, Mittelstand, Familienfreundlichkeit und der Armut an Umsetzungsenergie, sondern auch und vor allem im handelnden Personal liegt? Bei den Schlagworten schlägt sich Strache noch allemal erfolgreicher.

Artig, gesittet, ordentlich, freundlich, brav ist der blassen, mittelmäßigen Attitüden zu viel, da gibt es zu wenig Ecken und Kanten. So empfinden es offensichtlich die Menschen, wenn es um unser Spitzenpersonal geht.

Für eine bessere Politik

„Für eine bessere Politik" heißt ein Plädoyer von Helmut Kramer in der bereits erwähnten Publikation „Reformen ohne Tabu", und er spricht bestimmt vielen ÖsterreicherInnen aus der Seele, wenn er befindet, dass in der österreichischen Politik „Schlagworte als Nebelbomben verantwortungslos in den Wahlkampf geworfen" und „die Pferde beim Schwanz aufgezäumt" würden, „ohne Ansätze einer sachlichen Analyse und strategischer Überlegungen." Das Maß des Versagens der Politik etwa in der Frage des Wehrdiensts würde selbst Kenner überraschen, so Kramer. Es gebe eine „Komplexität und Neuheit der Fragen", aber es sei bedenklich, „mit welchem Grad an Unprofessionalität die österreichische Politik an ihren Aufgaben scheitert." (Paierl/Heingärtner 2011, S. 86f.) Es bleibt aber nicht allein bei diesem Befund, sondern Kramer schließt fünf Thesen an, die eine bemerkenswerte (und auch lesenswerte) Handlungsanleitung für das politische Management darstellen könnten.

Auch hier gilt es also für die Regierenden nicht, das Rad neu zu erfinden, sondern dem Rat zu folgen, beispielsweise mit einem „Wissenschaftlichen Rat" und einer „Zukunftskommission", um „Bauchgefühle" durch „Hirnströme" zu ersetzen, ohne dass dabei das Herz zu kurz kommt.

„So kann es nicht weitergehen!" schlägt Veit Sorger, Präsident der Industriellenvereinigung, angesichts der Tatsache Alarm, dass die Wettbewerbsfähigkeit Österreichs dramatisch abnimmt. Im „World-Competitiveness-Report" eines renommierten Schweizer Instituts ist unser Land um vier Plätze auf den 18. Rang abgestürzt, nachdem es 2007 noch 11. war. Auch im „Global Competitiveness Report" des World Economic Forums liegt Österreich auf dem 18. Platz, während im „Doing Business Report" der Weltbank gar nur der 28. Platz drin ist.

Besonders stark abgebaut hat in dieser Beurteilung offenbar die Qualität der öffentlichen Verwaltung und Wirtschaftspolitik: Im Punkt „Government Efficiency" (Effizienz der Verwaltung in Bezug auf Wettbewerbsfähigkeit) war Österreich 2007 noch auf Platz 10, jetzt reicht es gerade noch für Platz 27. Aber auch im Punkt „Business Efficiency", wo Punkte wie Produktivität,

Arbeitsmarkt, Finanzierung und Mangementpraktiken berücksichtigt werden, ist der Absturz relativ dramatisch: vom 11. Platz 2007 auf den 20. Platz 2011 („Die Presse", 18. 5. 2011).

In den To-do-Listen finden sich durchwegs Empfehlungen, die nicht neu sind: Erhöhung des Pensionsantrittsalters, eine Verwaltungsreform und eine finanzielle Konsolidierung auf Ebene der Länder und Gemeinden, weitere Maßnahmen auf Bundesebene zur Budgetkonsolidierung und die Beseitigung von „Engpässen" im Bildungssystem. Das alles ist nicht überraschend und gar

nicht neu. Und so stellt Josef Urschitz am selben Tag (in derselben Zeitung) bilanzierend die Frage, wie es zur Diskrepanz zwischen einer der höchsten Steuerquoten der Welt und den Budgetnöten, zwischen den „im internationalen Vergleich extrem hohen Gesundheitsausgaben" und einer der kränklichsten Bevölkerungen der Industriestaaten, zwischen einem der teuersten Schulsysteme der OECD und dem produzierten Mittelmaß kommen könne. Für die Lösung der anstehenden Probleme – zu denen Urschitz auch den Umstand zählt, dass die „neun Herzogtümer namens Bundesländer" für ihre Ausgaben keine Verantwortung übernehmen müssten – sei es nicht notwendig, das Rad neu zu erfinden: „Für alle diese Probleme liegen sehr vernünftige

Lösungsvorschläge vor. Zumeist von Experten-Arbeitskreisen, die (als Form der Alibi-Beschäftigungstherapie) von der Regierung selbst eingesetzt worden waren. Man muss also nur noch umsetzen."

Dem ist nichts hinzuzufügen außer die resignative Erkenntnis: Sie können's einfach nicht. Mich wundert dabei immer wieder die fröhliche Armut an Selbsteinschätzung, ab welcher Funktion der persönliche Plafond erreicht ist. Einem Wiener Wohnbaustadtrat ist es eben nicht automatisch in die Wiege gelegt, das Zeug zum Bundeskanzler zu haben, ebenso wenig wie einem Menschen, der seine politischen Gehversuche im Sekretariat eines Ministers unternommen hat, der bezeichnenderweise der „Stahlhelmfraktion" zugeordnet wurde. Der Vergleich mit Kreisky, Androsch, Vranitzky, Sinowatz, Taus, Busek, Mock und Schüssel macht in dieser Hinsicht sicher, ohne dabei verkennen zu wollen, dass es bei diesen Persönlichkeiten neben Licht natürlich auch Schatten gegeben hat. Das eine bedingt das andere fast zwangsläufig.

Aber was wir erleben, ist jenes diesige Grau, wo Konturen verschwimmen und keine Schatten geworfen werden. Die davon betroffenen Parteien irren dabei in jenen Nebelschwaden, wo man zwangsläufig den Standort verliert. Nur die Durchlüftung von außen kann anscheinend daran etwas ändern. Oder wie soll man sonst Jubelparteitage ohne Diskussion und Maiaufmärsche der Schlagworte deuten?

Noch schlimmer ist allerdings die dumpfe Bierzeltatmosphäre freiheitlicher Waffenschauen. Und das bieder anmutende, gemütliche Parlieren der Grünen verspricht auch keine kämpferische Aufbruchstimmung. Hilft da gar eine neue Partei? Ich glaube nicht. Wir haben Parteien mit einer großen Tradition und unbestrittenen Verdiensten für unser Land. Ihr Kredit, der aus Geleistetem schöpft, ist jedoch verbraucht, und sie müssten glaubhaft Neues anbieten, um die schiefe Ebene nach unten zu verlassen, auf der sie sich befinden. Ich hoffe, dass es in ihren Reihen genug Persönlichkeiten gibt, die überzeugt sind von der Einsicht „Yes, we can".

Und dabei bin ich ebenso überzeugt, dass ein Energieschub an inhaltlicher wie personeller Erneuerung auch dann von den Menschen honoriert würde, wenn er Unbequemes, alte Gleise Verlassendes, liebgewordene Gewohnheiten Zerstörendes beinhaltet, denn „die Wahrheit ist dem Menschen zumutbar", wenn die berechtigte Hoffnung auf etwas Neues besteht, das letztendlich besser als das Alte ist.

Wie allerdings „Energieschübe" eher zur Verpuffungen als zu Veränderungen führen, zeigt die Tragikkomödie rund um das Bundesheer.

Bundesheer: Der Tragödie wievielter Akt? Oder: Minister Darabos' Glück und Ende

Ob er es als Glück empfand, als die SPÖ (noch unter Alfred Gusenbauer) das Innenressort gegen das Verteidigungsministerium eintauschte und er sich dem Ruf seines Freundes nicht entziehen konnte oder wollte, wage ich zu bezweifeln.

Aber ebenso wenig bezweifle ich, dass das Unglück, das schon längst seinen Lauf genommen hat, über kurz oder lang auch das Ende bedeuten wird. Zu welchem Zeitpunkt das der Fall sein wird, lässt sich nicht abschätzen, weil Ministerrücktritte nicht Erfolglosigkeit zum Anlass haben, sondern durch das Personalpuzzle eines Parteiobmanns ausgelöst werden. Das erhöht nicht gerade die Glaubwürdigkeit der Politik im Allgemeinen und noch weniger jene der handelnden Personen im Besonderen. Der Grund könnte sein, dass gleichwertiger Ersatz fehlt – nein, nicht für den Verteidigungsminister (das dürfte nicht all zu schwer fallen), sondern vielmehr für eine wohlbestallte Zukunft des derzeitigen Amtsinhabers. Nicht immer läuft es so geschmiert wie beim jetzigen Tiroler Landeshauptmann, der in die Bergheimat zurück durfte, weil man in der ÖVP seinen Vorgänger loswerden wollte (Dementis zu meiner subjektiven Sicht nehme ich erwartungsvoll entgegen). Sein burgenländischer Amtskollege ist erst 60 und kein bisschen müde, sodass Norbert Darabos sich in der pannonischen Warteschleife befindet, die ihn trotzig in seiner jetzigen Funktion ausharren lässt. Wahrscheinlich war die Sache von Anfang an vermurkst, denn ein Minister, der bei der Stellungskommission den „Dienst mit der Waffe" aus Gewissensgründen ablehnt (was bei jedem jungen Menschen voll zu respektieren ist), kann nicht unbedingt auf einen Vertrauensvorschuss in den Reihen der Militärs pochen. Das wäre an und für sich noch keine unüberwindliche Hürde, weil man Loyalität des Spitzenpersonals, allen voran General Entacher, erwarten kann.

Was aber, wenn ein solcher Vorgesetzter in einer Kernfrage des Heeres, nämlich der Allgemeinen Wehrpflicht, gebetsmühlenartig betont, diese sei „in Stein gemeißelt" und sich dieser Stein von heute auf morgen als hohl und brüchig erweist? Offensichtlich hat dieser Minister die soldatische Tugend, Befehle seien dazu da, um ausgeführt zu werden, dermaßen verinnerlicht, dass schon eine „Kronen Zeitung"-Kampagne, ein darauffolgendes lautes Nachdenken des Wiener Bürgermeisters im Gemeinderatswahlkampf und ein dementsprechendes Kanzler-Wort genügten, um mit einer 180-Grad-Kehrtwende zu rapportieren. Da soll noch jemand das Wort „Stillstand" in den Mund nehmen und sich dabei nicht ob der Geschwindigkeit verbrennen, mit der Reformen angekündigt werden, um dann allerdings wieder ebenso schnell in der Versenkung zu verschwinden.

Schlag' nach in einem der sieben Arbeitspakete zur Regierungsklausur im Mai 2011, denke ich mir, denn hier findet sich unter „Heeresreform – Bundesheer Neu" Erhellendes: „Für die in der Sicherheitsstrategie definierten Zukunftsaufgaben braucht es ein gut ausgebildetes Bundesheer. Daher soll der Verwaltungsanteil weiter sinnvoll reduziert, die Truppe mit Investitionen gestärkt, die Anzahl an jungen Soldaten stetig erhöht werden, um die Einsatzorganisation zu verjüngen und die Aufgabenerfüllung weiter voranzutreiben. (Herbst 2011)"

Alles klar?

Und für diese Leerformel musste zuvor ein allseits geschätzter und anerkannter Generalstabschef abgesägt werden? Noch läuft die Suche nach einer ausreichenden ministeriellen Begründung. Man darf gespannt sein. Die Antwort auf die Frage nach dem Wie der Heeresreform gibt der Innenpolitikredakteur der „Salzburger Nachrichten", Andreas Koller, am 14. 6. 2011:

> Offiziell ist die SPÖ (originellerweise mit Ausnahme ihres Wehrsprechers) immer noch gegen die Wehrpflicht, wobei sie aber alle sonstigen Antworten schuldig bleibt. Offiziell behauptet die ÖVP immer noch, bereits über ein Reformkonzept zu verfügen, legt diese aber originellerweise nicht vor.
> Und im Übrigen bleibt die Frage: Was soll dieses Reformgerede, wenn bereits feststeht, dass a) kein Militärkommando geschlossen werden darf, b) reihenweise Bestandsgarantien für überflüssige Kasernen abgegeben werden und c) nach Ansicht der ÖVP an der Wehrpflicht nicht gerüttelt werden darf? Die Bundesregierung gleicht einem Forscherteam, welches das Rad erfinden will, sich aber schon vorher festlegt: a) es darf nicht rund sein, b) es darf nicht rollen, c) es darf keine Mittelachse haben. Gutes Gelingen!
> Wie in den SN kürzlich zu lesen war, werden mehr als die Hälfte der Präsenzdiener nicht als Soldaten, sondern als „Systemerhalter" eingesetzt. Kurz gesagt: Das Bundesheer hat den hauptsächlichen Zweck, das Bundesheer zu verwalten. Im Übrigen gilt: Reform heißt, dass alles beim Alten bleibt.

Nachzutragen ist nur noch jener Akt dieses Trauerspiels, der, so wie es jetzt aussieht, aus der Aufführungsliste gestrichen wird: Irgendwann wollte die

SPÖ eine Volksbefragung über die Wehrpflicht noch vor diesem Sommer. Die ÖVP wollte das eher nicht. Daher verschob die SPÖ ihr Ansinnen nun auf 2013. Hier sind schon echte Motivationsgurus am Werk, denke ich mir, wenn ich mich in einen Heeresangehörigen oder einen Grundwehrdiener hineinversetze, auf deren Rücken das alles ausgetragen wird. Und dann verspricht der Bundeskanzler noch bei der Regierungsklausur, man werde ab nun fleißig sein bei der Umsetzung. Im Bundesheer muss man das wohl als gefährliche Drohung empfinden.

Für ein aktives, europäisch ausgerichtetes Parlament

Mit Sicherheit muss das Parlament in Zukunft eine aktivere Rolle spielen als heute. Denn es kann zwar Mitglieder der Bundesregierung durch ein Misstrauensvotum abberufen, bei der Bestellung selbst sitzt es auf der Zuschauertribüne. Es ist sinnvoll, wenn der amerikanische Senat vorgeschlagene Regierungsmitglieder (aber auch andere hohe StaatsfunktionärInnen) vor ihrer Bestellung einem umfassenden Hearing unterzieht und sie auch begründet ablehnen kann. Warum sollte ein solches oder ein ähnliches Recht nicht auch dem österreichischen Parlament eingeräumt werden?

Das heutige Procedere ist jedenfalls wenig befriedigend. Ein Parteiobmann wird Kanzler oder dessen Vize; als solche schlagen sie Regierungsmitglieder vor, die von Parteigremien abgesegnet werden. Die jeweils andere Partei nimmt diese widerspruchslos zur Kenntnis, denn so steht es im Koalitionspakt. Bünde- und Verbändeinteressen sowie die Länder müssen dabei ebenso berücksichtigt werden wie „die Frauen“ und „die Jungen“. Wozu dieses Personalpuzzle führt, hat man am Beispiel jener bedauernswerten Osttiroler Staatssekretärin verfolgen können, die sich als Kommunalpolitikerin sicherlich bewährt hat, der aber die Luft der Bundespolitik schnell zu dünn wurde. Redlich und ehrlich engagiert zu sein, genügt nicht, um im fernen Wien jene Luftpolster zu finden, die einen nicht abstürzen lassen.

Man kann das als „culpa in eligendo“, als Auswahlverschulden abtun, aber es dient weder der Aufgabe, die wahrzunehmen gewesen wäre (wer weiß eigentlich noch, worin sie bestand?), noch dem Menschen, der am Ende auch noch der Häme ausgesetzt wird, bevor man ihn in die politische Versenkung verschwinden lässt. Was tut man auf diese Art und Weise Menschen an, deren einziger Fehler darin bestand, dass sie „ja“ sagten?

Ich will nun nicht behaupten, dass aus einer umstrittenen Innenministerin nicht eine passable Finanzministerin werden kann, aber gerade bei einem solchen Schlüsselressort sollte das Parlament vor der Bestellung das Recht haben, Inhaltliches zu erfahren und auch Fragen stellen zu können. Ein Hearing ist ja nicht Ausdruck des vorauseilenden Misstrauens, sondern die Chance, Kompetenz unter Beweis stellen zu können. Das Parlament böte die gute Gelegenheit dafür.

Darüber hinaus ist etwa der kontrollierende und beschließende Einfluss des Senats auf die Freigabe von Budgetmitteln für bestimmte Zwecke ein weiteres Beispiel, welche Bedeutung ein Parlament im Bereich der Vollziehung haben kann.

Nicht alles muss übernommen, aber alles soll verglichen werden, wenn es darum geht, jenes Organ, das direkt vom Volk gewählt wird, in seiner faktischen Bedeutung zu stärken. Das ist das zentrale Vorhaben, das hinter einem möglichen Volksbegehren steht. Stärkung des Parlamentarismus als Dreh- und Angelpunkt einer wirklich lebendigen Demokratie. Und das im europäischen Kontext, zu dem Heinrich Neisser im Kapitel „Die europäische Herausforderung" im bereits erwähnten Buch „Was ist faul im Staate Österreich?" Folgendes im Zusammenhang mit der Erweiterung des Wahrnehmungshorizonts, die hätte stattfinden können, schreibt: „Seit dem Jahr 2004 haben der österreichische Nationalrat bzw. der zuständige Ausschuss keine bindende Stellungnahme für das Verhalten des österreichischen Regierungsvertreters im Rat beschlossen. Damit ist ein wesentliches Instrument der Mitwirkung in europäischen Angelegenheiten praktisch bedeutungslos geworden. [...] Noch dazu, wo der Vertrag von Lissabon erstmals eine aktive Teilnahme der nationalen Parlamente am europäischen Willensbildungsprozess vorsieht. Wann unternimmt das österreichische Parlament endlich Anstrengungen, um seine Verantwortung bei der Gestaltung Europas wahrzunehmen?" (Hösele 2010, S. 38f.)

Einziger Einwand: Es entspricht der noblen Zurückhaltung Neissers, dem österreichischen Parlamentarismus nur „kein gutes Zeugnis" auszustellen. Es ist zu wenig, Europa nur als geographische Gegebenheit wahrzunehmen, die man delegationsweise bereist, ohne die kulturelle Vielfalt als einzigartigen Wert für sich zu schätzen, die europäischen Institutionen im fernen Brüssel zu wissen, ohne auf ihre Entscheidungen Einfluss nehmen zu wollen, die wirtschaftlichen Vorteile zu nutzen, ohne die Konsequenzen zu rechtfertigen. Es ist zu wenig, erleichtert die „internationale Atomlobby" und „Finanzmafia" außerhalb Österreichs Grenzen zu lokalisieren, ohne die Grenzen populistischer Scheinaktivitäten zu überschreiten, zu wenig, die eigenen EU-Abgeordneten zu ignorieren, ohne ihnen Gelegenheit zu wirklichem Mitwirken einzuräumen.

Engagement als Karriere – Hemmschuh

Was haben Johannes Voggenhuber, ein Grüner aus Salzburg, Herbert Bösch, ein roter Vorarlberger, und der niederösterreichische Schwarze Othmar Karas gemeinsam, außer dass sie dem EU-Parlament angehör(t)en? Sie werden noch immer in Brüssel geschätzt, bei uns ignoriert oder ausradiert, und sie haben eine eigene Meinung. (Um Gottes Willen, darf das eigentlich sein?!) Zwei davon hat das den Kopf gekostet, einer darf den Retter in der Not spielen.

Herbert Bösch hat sich als akribischer Finanzkontrolleur international einen ausgezeichneten Namen gemacht, Johannes Voggenhuber an der europäischen Verfassung mitgearbeitet und Othmar Karas einen Persönlichkeitswahlkampf geführt.

Und noch eines hat sie verbunden: Sie ließen sich nicht immer an der Parteileine nehmen. Manchmal kann schon ein Satz tödlich wirken, wie bei Herbert Bösch. Nach dem bekannten Faymann-Kotau vor der „Kronen Zeitung" war er so verwegen, auf eine diesbezügliche Anfrage zu antworten, er sei der SPÖ verpflichtet und nicht der „Kronen Zeitung". In meinem Zorn dachte ich mir damals: Gusenbauer hat wenigstens in der Sandkiste vom Ballhausplatz geträumt, Faymann setzt sich bloß die Krone auf.

„Heute" sagt die „Krone", was „Österreich" braucht, Inhaltliches wird „in den Wind gereimt", denn das ist der Standard, den die Presse vorgibt; gewissermaßen der politische Kurier für selbsternannte Alphatiere mit Leseschwäche. Die Werbung, die für zu viele zum Brevier geworden ist, lautet „Schau in die Krone".

Sich Utopien zu leisten, ist Ansichtssache

Manchen – oder gar vielen – mag ein Volksbegehren naiv oder utopisch erscheinen, weil sie aus bisher gemachter Erfahrung davon ausgehen, dass sich ohnedies nichts ändert. Oder nur dann, wenn es der Boulevard „vorschreibt".

In meinem 1989 erschienenen Buch „Ansichtssache“, das sich auch mit grundsätzlichen Fragen der Politik beschäftigt, habe ich dazu Ernst Blochs „Abschied von der Utopie“ zitiert, in dem er darauf eingeht, wie Nah- und Fernziele einander bedingen: „Auch in den Nahzielen, den so außerordentlich proklamierten und gegen die Fernziele ausgespielten, glückt nichts, wenn man keine Fernziele hat. Die Spannung fehlt, die Erregung fehlt, der Wille, die Begeisterung, die Leidenschaft fehlen, um sich für Nahziele einfachster, praktischer Art einzusetzen. [...] Nichts in der Nähe kann geschehen ohne ein Fernziel, sowohl im subjektiven Faktor, in dem etwas sein muss, das in die Phantasie greift, so dass man sich anstrengt und einen moralischen Hintergrund besitzt, der die Anstrengung sogar zum Postulat macht, als auch in der Theorie.“ (Radlegger 1989, S. 11)

Nichts in der Nähe kann geschehen ohne ein Fernziel. Und dieses ist für mich und viele andere

- eine lebendige Demokratie, in der die/der mündige, selbstbewusste BürgerIn wählen kann zwischen verschiedenen Entwürfen konkreter politischer Vorhaben und inhaltlicher, auch grundsätzlicher Angebote, die sich voneinander nicht nur in Schlagworten unterscheiden, sondern eine Entscheidung erleichtern;
- eine lebendige Demokratie, die befreit ist von Überbleibseln obrigkeitsstaatlichen Denkens und Handelns, in der sich die BürgerInnen als AuftraggeberInnen für die Politik verstehen können und die Verantwortlichen sich ihrer gleichzeitig führenden und dienenden Aufgabe bewusst sind;
- eine lebendige Demokratie, in deren Mittelpunkt das Parlament als die Versammlung der gewählten VolksvertreterInnen steht;
- eine lebendige Demokratie, in der zumindest die Hälfte der Abgeordneten durch ihre Wahl einen unmittelbaren Auftrag erhalten hat und das Parlament nicht mehr „Grabmal des unbekannten Abgeordneten“ ist;
- eine lebendige Demokratie, in der Regierungsmitglieder eine Elite der Bestgeeigneten darstellen und die Qualifikation sich nicht aus der Zugehörigkeit zu Verbänden, Netzwerken, Bünden, Länderorganisationen, Geschlechtsmerkmalen, Altersgruppen ableitet oder der Tatsache, dass er/sie den „Apparat“ hinter sich hat;
- eine lebendige Demokratie, in der sich die BürgerInnen mitverantwortlich für die Politik und nicht ihr ausgeliefert fühlen;
- eine lebendige Demokratie also, die tatsächlich „bottom-up“ und nicht „top-down“ wahrgenommen wird.

Parteien als Teil lebendiger Demokratie

In einer solchen lebendigen Demokratie sind Parteien nicht ein „Staat im Staate“, sie gebären ihre nächsten Generationen nicht in sich selbst und ihre Blutarmut führt mangels Auffrischung nicht zur Verkümmerung. In einer solchen verlebendigten Demokratie herrscht nicht die heutige Mangelwirtschaft, wo die Marke der Produkte mehr oder weniger austauschbar ist und die KundInnen nicht nach der Qualität wählen können, sondern infolgedessen auf Lockangebote ausweichen.

Eine Einschätzung dazu vorweg, die, so fürchte ich, leider zutreffend ist: Die großen Volksparteien sind von innen her nicht (mehr) reformierbar. Sie haben die Kraft der Erneuerung verloren und hoffen, unter Blinden die Einäugigen zu sein. Denn dann besteht die Chance, noch immer als Erster durchs Ziel zu tappen.

Nicht eine gute Zeit wird angestrebt, um die Sprache des sportlichen Wettbewerbs zu gebrauchen, sondern die Energie wird darauf verwendet, im Zielsprint die Nase vorne zu haben. Sie gleichen jenen Radrennfahrern, die sich die längste Zeit des Rennens misstrauisch gegenseitig beäugen, wo Geschwindigkeit keine Rolle spielt, weil einzig der Zielsprint über Sieg oder

Niederlage entscheidet. Wichtig ist dabei, jede Schwäche des Gegners zu erkennen und sofort darauf zu reagieren. Solches wird dann den eigenen AnhängerInnen als der große Erfolg verkauft. Und wenn es nicht gereicht hat, findet man auch Wege der eigenen selbsttäuschenden Tröstung.

Wenn die KundInnen aus dieser selbstverursachten Armut an Ideen deren Lockangeboten erliegen, wird höchstens die eigene Verpackung dafür verantwortlich gemacht, den KundInnen schlechter Geschmackssinn unterstellt, aber nicht darüber nachgedacht, ob vielleicht beim Produkt die Qualität abhanden gekommen ist und das Preis-Leistungs-Verhältnis nicht mehr stimmt. Diese genetische Sehschwäche für eigene Versäumnisse wird im Laufe der Zeit immer stärker, und man beruhigt sich gegenseitig, dass die nächste Markterhebung ohnedies erst in fünf Jahren stattfindet, weil handstreichartig die Untersuchungsintervalle einfach um ein Viertel hinausgeschoben wurden.

Der schleichende Marktverlust in der Zeit dazwischen wird beschönigt, die eigenen MitarbeiterInnen werden durch Rituale ermutigt und die AnteilseignerInnen beruhigt mit dem Argument, bis zur nächsten Marktuntersuchung bliebe ja noch genügend Zeit, das Blatt zu wenden. Die Zwischenbilanzen werden nicht veröffentlicht und die roten Zahlen kennt nur das Management.

Die KundInnen hört man nicht, Kundenzufriedenheitsanalysen kennt man nicht, die VerkäuferInnen fragt man nicht, Beschwerdemanagement braucht man nicht, MitarbeiterInnenjahrestagungen macht man nicht und wenn schon, dann wird von MarketingexpertInnen Regie geführt. Und das alles wegen des schönen Scheins. Das Management wird gecoacht, Spindoctors werden beigezogen, Werbeleute bezahlt und Testimonials jubeln. Am vorläufigen Ende des Wegs hat man den Schuldigen längst gefunden: Der Kunde, die Kundin war's, verblendet wie er/sie ist, der/die die wahre Qualität des Produktes nicht erkannt hat. Dabei verliert man die Hälfte des Marktanteils und vergisst, dass nach unten keine Grenzen gesetzt sind.

Von Zeit zu Zeit findet dann im Management ein Austausch der Köpfe statt, und da dieser nur intern erfolgt, übersieht man die Ursachen und konzentriert sich auf die Wirkungen. Gegen Alarmzeichen ist man im Verlauf der Zeit immun geworden, etwa so wie man einen Wecker abstellt, der zu oft und zu laut klingelt, dann aber liegen bleibt, statt aufzustehen.

Dass die InhaberInnen von Kundentreuekarten immer weniger geworden sind, sieht man als unabänderliches Zeichen der Zeit; dass KundInnen wählerischer geworden sind und zwischen den Angeboten wechseln, will man nicht wahrhaben, dass die VerkäuferInnen sich beklagen, beantwortet man solange mit Kündigungen, bis keiner mehr etwas sagt; dass man keine neuen findet, schiebt man der Härte des Jobs zu, die Auswahlkriterien werden immer oberflächlicher, bei Filialbesuchen werden Durchhalteparolen ausgegeben, aber nicht nachgefragt, was die KundInnen vor Ort sagen, und manch anderes Unsinniges noch.

Glauben Sie wirklich, dass nur Wirtschaftsunternehmen gemeint sein können? Oder finden sich nicht verblüffende Parallelen zu den sogenannten „großen Volksparteien"?

Der deutsche Politikwissenschaftler Franz Walter hat in seiner Schrift „Im Herbst der Volksparteien?" eine Analyse angestellt, die für Österreich gleichermaßen aktuell ist: „Die Parteien erfüllen fraglos immer weniger die Funktion, für die man sie historisch gebraucht hatte. Denn eigentlich sollten Parteien zwischen Staat und Gesellschaft Vermittlerdienste leisten. Sie sollten in die Gesellschaft hineinhorchen, sollten Hoffnungen, Sorgen, Anliegen registrieren, filtern, zusammenbinden und sodann in die politisch-staatliche Sphäre transferieren." Walter konstatiert, dass sich derzeitige soziale Verhältnisse in der Parteienstruktur nicht mehr abbilden. „Und dass Parteien mittlerweile ganz der Ehrgeiz fehlt, die Trüffel der Zukunft vor allen anderen gesellschaftlichen Kräften zu finden, Wege und Ziele zu weisen, ist in unübersichtlichen Zeiten, da der Bedarf nach ordnenden Erklärungen und Ideen erheblich ist, gewiss ein weiteres Manko." Den Volksparteien mangle es nicht an finanziellen Mitteln, sondern an Ethos. „Ihnen fehlen kreative Programmatiker, die neu über die Sinnfrage und Zielperspektive des politischen Tuns nachdenken. Sie führen keine scharfen inhaltlichen Kontroversen auf der Seite profilierter Flügel mehr, in denen nachwachsende Eliten politische Härte und argumentativen Schliff gründlich lernen könnten." Und schließlich fehlten, so Walter, quasi allen Volksparteien ein politischer Anführer, der begeistern könne. (Walter 2009, S. 9f. u. 99f.)

Man kann nun aus Franz Walters trefflicher und treffsicherer Analyse verschiedene Schlussfolgerungen ziehen:

1. Die beruhigende, jedoch wirklichkeitsfremde: Er hat ja Deutschland gemeint – bei uns in Österreich ist ohnehin immer alles anders, nicht ganz so schlimm; Wiener Schmäh braucht keinen preußischen Stechschritt.
2. Die unangenehme: Könnte er nicht auch über Österreich geschrieben haben? Das alles gilt doch auch für uns.

3. Die resignative: Natürlich gilt das Geschriebene auch für Österreich gleichermaßen, aber wer glaubt das schon und was können wir tun?
4. Die energische: Wir brauchen keine Übersetzung vom Deutschen ins Österreichische. Auf das Tun kommt es an.

Wer aber ist die Partei?

In meinem 1989 erschienenen Buch „Ansichtssache" habe ich versucht, einige Antworten zu geben, die ich auch heute nicht wesentlich zu verändern brauche:

> „Wer aber ist die Partei? Sitzt sie in einem Haus mit Telefonen? Sind ihre Gedanken geheim, ihre Entschlüsse unbekannt? Wer ist sie?"
> Diese Fragen Bertolt Brechts können auch heute noch ein verbreitetes Misstrauen gegen Parteien als einen undurchschaubaren technokratischen Machtapparat widerspiegeln. Gesunde Skepsis gegenüber „Apparaten" ist eine Art von Wachsamkeit, die jeder Demokratie nützt. […]
> Tatsächlich nimmt die Integrationskraft der Parteien ab, und manche Österreicher, denen die traditionelle Parteipolitik nichts bedeutet, organisieren sich in „neuen" Bewegungen, von denen sie andere Strukturen erhoffen. Ich halte es daher für wichtig, jene Mahnung ernst zu nehmen, die der Politologe Herbert Dachs ausgesprochen hat: „Die politischen Parteien (und ebenso die Interessenvertretungen) werden gut daran tun, diese neue Herausforderung ernst zu nehmen und nicht der Versuchung zu erliegen, sich mit ‚symbolischer Politik' von einem politischen Zahltag zum anderen durchzulavieren. Sie haben sich daran zu erinnern, dass es im Rahmen eines politischen Systems zur Aufgabe der Parteien gehört, als intermediäre, hochadaptive Gruppen zu wirken, indem sie für die in der Gesellschaft vorhandenen Wünsche sensibel sind, diese aufnehmen und schließlich dem politisch-administrativen System gegenüber entsprechend vertreten".
> Darüber hinaus, so meine ich, müssen die traditionellen Parteien wieder Identifikationsmöglichkeiten und Gemeinschaftserlebnisse bieten, der Jugend ebenso wie all denen, die über zu wenig Demokratie und Transparenz klagen, die von den bestehenden Strukturen enttäuscht sind. Keiner, der in unserer Republik öffentliche und politische Verantwortung trägt, darf sich gegenüber Kritik taub stellen. Demokratie ist kein statischer Zustand, sondern ein dynamischer, dialektischer Prozess des gesellschaftlichen, bewusstseinsmäßigen und politischen

Fortschritts. Das bedeutet für die Parteien – in ihrem eigenen wie im grundsätzlichen demokratischen Interesse – den Aufruf, nachzudenken, die Ursachen dieser Kritik zu erforschen. Vielleicht stehen wir am Beginn einer Entwicklung, die die Bedeutung der politischen Parteien als Organisationsinstrumente gesellschaftlicher Interessen in ihrer derzeitigen Form abschwächt. Doch die alternativen Denkmodelle sind den Beweis ihrer Funktionsfähigkeit – im Sinne demokratischer Effizienz – bislang in praktisch allen Belangen schuldig geblieben. Bei vielen dieser Gruppierungen schieben sich Lobbies in den Vordergrund, die Interessenpolitik zu Lasten anderer betreiben. Nicht selten orientiert sich diese Form politischen Denkens lustvoll am Floriani-Prinzip und fordert Veränderungen, die auf Kosten anderer gehen müssen. Aber – wie „neu" sind eigentlich ihre substantiellen Inhalte? Unterscheiden sie sich wirklich in Stil und Anliegen von denen der Parteien?
Wir müssen uns fragen, warum viele jüngere Menschen einfach keine Lust mehr haben, ihre gesellschaftlichen Veränderungswünsche in und mit den Parteien durchzusetzen, sondern außerhalb. Wir müssen uns fragen, warum weniger Menschen ihre Hoffnungen in die Parteien setzen, sich nicht mehr vertreten fühlen, obwohl anderseits das Bedürfnis nach sozialer und politischer Beteiligung wächst, und obwohl so viele eine eigene Meinung artikulieren und vertreten wollen. Ich sehe allerdings in dieser Situation keine Krise der Demokratie. Dieses neue, kritische Selbstbewusstsein ist vielmehr ein Anlass zu Optimismus, denn unsere Demokratie wird mit den Herausforderungen und Problemen der nächsten Jahrzehnte nur dann fertig werden können, wenn möglichst viele politisch wache und interessierte Menschen daran Anteil nehmen.
Wir müssen den Gegensatz verhindern, der zwischen der „starren Parteienlandschaft" und den „wachen, außerparlamentarischen und flexiblen Bewegungen" von manchen genüsslich konstruiert wird. Wir müssen uns jenen Menschen, die voll Idealismus, Engagement und Mitbestimmungsbedürfnis ihre Vorstellungen verwirklichen wollen, als attraktive Partner präsentieren. Denn die Parteien – ihr Zustand, ihr Erscheinungsbild und ihr Stellenwert – bedeuten im Guten wie im Schlechten das Schicksal unserer Demokratie. (Radlegger 1989, S. 21ff.)

Utopien als Identifikation

Ich möchte zwanzig Jahre später für mich keinen „Abschied von der Utopie" nehmen, auch wenn manch zorniges, vielleicht übertriebenes Wort, das ich voran geschrieben habe, das annehmen lässt. Nein – ich möchte wieder sehen können, welche Utopien, welche Nah- und Fernziele, welche Grundwerte Parteien nicht nur in Programmen, sondern in ihrem täglichen Tun vertreten.

Ist Solidarität eine Worthülse geworden, welche Ausschließungsgründe besitzt, über die die Mehrheit verfügt oder Voraussetzung einer „Heimat für alle", die es nicht der Mehrheit alleine überlässt, Heimat zu beschreiben? Ist Gleichheit das Bündnis der Gleichen, das auf Ungleiche vergisst oder Aufforderung, zu verhindern, dass stets neue Ungleichheiten geboren und stigmatisiert werden? Ist Menschlichkeit in ihrer heute praktizierten Form der Erkenntnis gefolgt, dass man sie sich nur in guten Zeiten leisten kann und sie überdies an Volkshilfe, Caritas und andere Gutmenschenansammlungen delegiert werden kann? Ist Gerechtigkeit ein für immer hergestellter Zustand oder ein dynamischer Begriff, der sich an neuen Ungerechtigkeiten orientiert und ihnen entgegenwirkt? Sind unsere Gesetze gerecht oder entsprechen sie dem, was die bestimmende Mehrheit als gerecht empfindet? Ist Armut absolut zu definieren oder misst sie sich nicht an dem Reichtum der jeweiligen Gesellschaft? Ist Liebe, im urchristlichen Sinne verstanden, frömmelnde Gefühlsduselei, wirklichkeitsfremder Stoff für Kitschromane oder ein Überbegriff, der das Umgehen der Menschen miteinander beschreiben sollte?

Der erste Brief des Paulus an die Korinther beginnt im Kapitel 13 mit den Sätzen: „Wenn ich mit Menschen- und mit Engelszungen redete, und hätte der Liebe nicht, so wäre ich ein tönend Erz oder eine klingende Schelle. Und wenn ich weissagen könnte und wüsste alle Geheimnisse und alle Erkenntnis und hätte allen Glauben, also dass ich Berge versetzte, und hätte der Liebe nicht, so wäre ich nichts. Und wenn ich alle meine Habe den Armen gäbe und ließe meinen Leib brennen, und hätte der Liebe nicht, so wäre mir's nichts nütze."

Tönend Erz und klingende Schelle – ist die politische Orchestrierung nicht zu voll davon? Ist es nicht (auch) Aufgabe politischer Gemeinschaften, darauf Antworten zu geben, die Fernzielen gleich, der Vermessung und Verortung von Nahzielen dienen? Ist Utopie im Denken, dosiertes Pathos im Aussprechen von dem, was heute zu tun ist, nicht etwa wohltuender als pragmatisches Herunterleiern von Aktivitätskatalogen? Darf es keine Utopien, kein zeitfühlendes Pathos mehr geben? Berührt uns Figls Weihnachtsansprache: „Ich kann Euch nichts schenken, doch glaubt an dieses Österreich" nicht mehr? Sind Gefühle außer Gebrauch genommen, Visionen rezeptpflichtig und davon Infizierte einzuweisen? Sind Grundwerte für Sonntagsreden und Glaubensbotschaften sektiererisches Geschwätz oder sind sie nicht Ansätze für eine neue Glaubhaftigkeit? Wollen wir nicht über das Vorausahnen von KünstlerInnen und Intellektuellen nachdenken, zum Mitdenken auffordern, nichts von vornherein wegdenken und es nicht verdenken, wenn Gleichgültigkeit, Scheinaktivität, Passivität und Phantasielosigkeit bestraft werden?

Parteien sind keine „eierlegende Wollmilchsau"

Parteien sollen keiner „eierlegenden Wollmilchsau" ähneln, die alles und jeden mit seinen Bedürfnissen bedienen, gewissermaßen als politischer Selbstbedienungsladen. Nein, sie sollten mit einer bedächtigen Auswahl von Produkten samt einer ehrlichen Produktbeschreibung um ihre KonsumentInnen bemüht sein und sich ebenso wenig das trostlose, auswahlarme Einheitsangebot realkommunistischer Konsumläden zum Vorbild nehmen.

Das Management muss sich dabei bewusst sein, dass neben der Produktqualität bei der nicht alles zulässig ist, was gerade noch erlaubt ist, weil man auch ethische Verantwortung besitzt, die Personalauswahl von erfolgsbestimmender Bedeutung ist, weil hier Menschen auf Menschen treffen und nicht auf Plakate mit Sonderangeboten. Eine gute Verkäuferin, ein guter Verkäufer mit glaubwürdiger Überzeugungskraft kann unschlüssige KonsumentInnen weit eher beeinflussen als die beste Rundfunkwerbung, die nur Erinnerungswert besitzt. Und „ja natürlich" muss man in der Konzernzentrale wissen, worauf KäuferInnen Wert legen. KonsumentInnenumfragen sind da eine Hilfe, aber am meisten erfährt man, wenn man den Stellenplan nicht auf Köpfe reduziert, sondern in die Menschen an der Verkaufs„front" hineinhorcht. Gilt das alles wirklich nur für die Wirtschaft und ist „das Politische" etwas ganz anderes? Und noch etwas: „Zu meiner Zeit, ja zu meiner Zeit war alles ganz anders", hört man oftmals, begleitet von einem verklärenden Ausblenden dessen, was an dem „anders" vielleicht nicht so gut war.

Vor gut einem halben Jahrhundert gab es ein geringeres Produktangebot, Produktbeschreibungen waren eher Werbung denn Information und der Konsument weniger kritisch, weniger wählerisch. Es war eine Zeit des Wohlstandswachstums, der Neugier auf das Neue, das Ungewohnte, das noch – nicht – Gekannte und man hatte (noch) nicht vergessen, wie anders es auch sein konnte. Auf langjährige Kundentreue war man stolz, vielfach vererbte sie sich und Markenwechsel wurde argwöhnisch beäugt.

Doch die Verhältnisse änderten sich im Laufe der Zeit, Probleme wurden komplexer, Herausforderungen globaler und Informationen totaler. Als Bundeskanzler Fred Sinowatz einbekannte, dass „die Dinge so kompliziert seien" und dafür belächelt wurde, war das nicht die Resignation eines nachdenklichen Menschen, sondern die Warnung vor den schnellen, einfachen Antworten. Die Forderung nach „alles jetzt und sofort" birgt das Gift der unbedachten Scheinlösungen in sich. Insofern ist dem Philosophen Konrad Paul Liessmann Recht zu geben, wenn er in der erwähnten Sonderausgabe der „Salzburger Nachrichten" (30. 4. 2011) den „Stillstand" an sich nicht a priori als schlecht bezeichnet und meint, es könnte manchmal auch richtig sein, vorerst einmal nichts zu tun. Ja – vorerst.

Wenn die Zeit genutzt wird, um nachzudenken, „weil Bewegung ohne Ziel, und Reformen ohne Konzept, schlimmer sind als das Festhalten an Strukturen und Verfahren, die sich einigermaßen bewährt haben", wie Liessman meint. Natürlich wollen wir nicht Qualtingers „Wilden mit der Maschin'", der zwar nicht weiß, wo er hin will, dafür aber schneller dort ist. Und jede Schwankung des Zeitgeistes mitzumachen, ist Sache der Verwandlungskünstler und Rattenfänger, die schnelle Erfolge erreichen wollen.

Aber wenn der Stillstand zum Zustand wird, den man trotz widriger Umstände zelebriert, muss allein der Verstand dies zum Gegenstand der Kritik machen, weil sonst der Anstand verloren und der Widerstand ins Leere geht. Nachgedacht wurde bereits genug, wenn es um Bildung, Sozial-, Gesundheit- und Pensionssysteme, Föderalismus, Wahlrecht, Parlamentarismus und Verfassung- wie Verwaltungsreformen geht. Die publizierte Literatur, Konvente, Kommissionen und Enqueten sowie Zeitungskommentare belegen das. Jetzt ist die Zeit für das Tun, wenn aus Stillstand nicht Versteinerung werden soll.

Für eine umfassende Reform des Parteiengesetzes

Zu tun haben die Parteien aber nicht nur, wenn es um die schon angesprochenen Themen geht, sondern auch bei sich selbst. Wie dringend erforderlich dies ist, hat ein Skandal der jüngsten Vergangenheit drastisch vor Augen geführt.

Unter dem Titel „Danke schön, Herr Martin!" schreibt Claudia Dannhauser in der „Presse" vom 23. 4. 2011 über diesen angeblichen Saubermann, der die Intransparenz zu seinem Parteiensystem erhoben hat: „Etwas Positives hat die Sache in jedem Fall. Martin hat die Intransparenz in seiner Partei zur absoluten Perfektion getrieben – und das völlig legal. Jetzt weiß jeder, dass unser Parteiengesetz nicht einmal Balkan-Niveau hat. Also höchste Zeit, daran etwas zu ändern. Für diesen Impuls sollten wir HPM aufrichtig dankbar sein."

Was war an die Öffentlichkeit gedrungen, das diese „Dankbarkeit" auslöste? Da gibt es also eine Partei „Liste Martin" ohne Parteitage, von der weder eine Zahl an Mitgliedern noch ihre Struktur bekannt ist. Das ist zwar mehr als nur erstaunlich, aber völlig wirkungslos, denn laut österreichischem Parteiengesetz muss das auch nicht der Fall sein. Es genügt, dass im Innenministerium eine Abschrift der Statuten aufliegt – Statuten, die äußerst vage gehalten sein können und von keiner Stelle geprüft werden, weil keine gesetzlichen Vorschriften einzuhalten sind.

Man reibt sich verblüfft die Augen, weil man es kaum glaubt, dass zwar jeder Kaninchenzüchterverein einen Obmann bzw. eine Obfrau und weitere drei Organe haben muss, die auf einer Mitgliederversammlung gewählt werden und deren laufende Geschäftsführung einschließlich der finanziellen Gebarung der Entlastung durch diese bedürfen, weil der Verein aufgelöst wird, wenn diese gesetzlichen Bestimmungen nicht eingehalten werden.

Und für eine Partei – noch dazu eine, die Millionen Euro Wahlkampfförderung einstreift und sich „Liste für Demokratie, Kontrolle, Gerechtigkeit" nennt, gilt das alles nicht?! Eine Partei, die statutarisch bestimmt, dass die Vertretung nach außen und die Geschäftsführung allein dem Parteivorsitzenden obliegen. Eine Partei, in deren Statuten wörtlich festgelegt ist, dass der Parteivorstand aus einem Mitglied, nämlich dem Parteivorsitzenden besteht. Eine Partei also, in der der Vorsitzende von sich sagen kann: „Die Partei bin ich." Eine Partei also, die Österreich mit 3 von 17 Abgeordneten im Europäischen Parlament vertritt und uns dadurch zur Lachnummer in ganz Europa werden lässt. Unabhängig von den Vorwürfen, die Martin persönlich betreffen und eine Sache des Staatsanwalts und der Gerichte sind, besteht also dringender Handlungsbedarf. Ich kann nur hoffen, dass nicht nur Medien- und PolitikwissenschaftlerInnen dies so sehen, sondern auch die Politik entdeckt, was „faul ist im Staate".

Dass das Fehlen jedweder interner Kontrolle überhaupt möglich ist, sieht etwa Hubert Sickinger, Experte für Parteienfinanzierung, als schweren Fehler und einzigartig in Westeuropa an. Üblicherweise muss eine Partei ein, zwei Dutzend Mitglieder und intakte stabile Strukturen aufweisen, ehe sie staatliche Subventionen bekommt. „Selbst in kleinen Ländern wie Tschechien oder

Slowenien sind sogar hunderte Mitglieder gefordert", so Sickinger zur „Presse" (22. 4. 2011). Vielleicht habe ich es übersehen, aber zum Zeitpunkt der Abfassung dieser Zeilen („Tag der Arbeit" 2011) war noch keine Reaktion der Parteien sicht-, hör- und lesbar. Hoffentlich irre ich mich diesbezüglich.

Was aber von allen Reaktionen unabhängig bestehen bleiben muss, ist die Forderung einer sofortigen Überarbeitung des Parteiengesetzes, um von innen wie außen unkontrollierbare „Führerparteien" für alle Zukunft zu verhindern und darüber hinaus zumindest jenen Status einzufordern, den das Vereinsgesetz vorschreibt. Keine Sorge, ich will nicht Metternich'sche Spitzelsysteme wiederbeleben oder „gläserne" Strukturen schaffen, weil dieser Stoff zwar durchsichtig, aber auch sehr zerbrechlich ist. Aber die Grunderfordernisse der Demokratie müssen auch und vor allem für jene gelten, die in ihr für Zustimmung werben. Das gilt für Programme ebenso wie für Statuten.

Parteienfinanzierung (wirklich) Neu

Eines muss dabei klar sein (und erklärt vielleicht auch so manche Zurückhaltung): Es genügt nicht, jetzt schnell ein paar Änderungen zu fabrizieren, die so üble Auswüchse wie bei der Liste Martin in Zukunft verhindern, und damit ein Ablenkungsmanöver in Gang zu bringen, das vom tatsächlich Notwendigen ablenkt: nämlich die Parteienfinanzierung neu und wirklich grundlegend zu regeln. Auch hier wird nicht Neuland betreten. „Entwässerungsvorschläge" für die sauren Wiesen dunkler (Geld)Flüsse liegen schon lange auf dem Tisch.

Ein Beispiel, das längst bekannt ist und in dem der Vergleich sicher macht, was die notwendigen Konsequenzen anbelangt: Wieder einmal muss dafür Deutschland herhalten, jener Nachbar also, von dem wir nicht nur wirtschaftlich profitieren sollten. Dort sind nämlich Parteispenden viel transparenter als bei uns.

Bei uns sind Parteispenden ab 7260 Euro dem Rechnungshof zu melden, aber der darf die Angaben weder prüfen noch veröffentlichen. In Deutschland müssen Parteispenden ab 10.000 Euro unter Angabe des Spenders offengelegt werden. Wer etwas verheimlicht, muss mit einer Geldstrafe rechnen, die das Fünffache der Spende betragen kann. Sanktionen haben Parteien in Österreich nicht zu fürchten.

„Wer zahlt, schafft an", lautet ein geläufiges Sprichwort. Umgelegt auf politische Parteien bedeutet dies, dass sie möglichst freigehalten werden sollen von anonymen Anschaffern. Rablbauers Millionenkoffer, heimlich ins Parlament transportiert, ist dabei eine typisch österreichische Posse, die wohl nur mehr wenigen in Erinnerung ist als Versuch, sich ein Mandat zu kaufen.

Parteienfinanzierung an sich entspricht durchaus dem Standard der meisten entwickelten Demokratien, um die Parteien möglichst unabhängig zu halten von Geldflüssen anonymer Gesellschaften und Lobbys. Das ist richtig, notwendig und vertretbar, wenn eine entsprechende Gegenleistung erfolgt. „Wer zahlt, schafft an" kann nämlich auch anders, durchaus positiv betrachtet

werden. Wer von der öffentlichen Hand Geld erhält, ist auch zu einer Gegenleistung verpflichtet, die darin besteht, seine Finanzen offenzulegen und sie auch, dieses Mal wirklich unabhängig, prüfen zu lassen. Ist es so abwegig zu fordern, dass der Rechnungshof bestimmt, welche PrüferInnen die jeweiligen Parteienfinanzen unter Einhaltung eines Rotationsprinzips zu durchleuchten und das Ergebnis zu veröffentlichen haben? Gerät dadurch die Parteiendemokratie in Gefahr, wenn Prüfungen wirklich von außen erfolgen, oder ist es nicht eher ein Schritt zu erhöhter Glaubwürdigkeit, wenn es darum geht, das Vertrauen der BügerInnen (wieder) herzustellen und üblen Verdächtigungen und Unterstellungen entgegenzutreten? Wer ein gutes Gewissen hat, der hat nichts zu verbergen. Und zudem gilt: „Leere Wahlurnen sind gefährlicher als leere Kassen."

Wir ÖsterreicherInnen haben eine der höchsten Pro-Kopf-Parteienförderung in der westlichen Welt – rechtfertigt nicht alleine dieser Umstand auch höchste Transparenz? Und klare Gebote und Verbote? Etwa hinsichtlich der Schlupflöcher, die Treuhandschaften, Stiftungskonstruktionen, Vereine und Genossenschaften als „Durchlaufstationen" bedeuten können. Eine wirkliche Neuregelung muss daher die Parteien auf all ihren Ebenen und parteieigenen/parteinahen Organisationen samt den Wirtschaftsbetrieben, auf die faktisch kontrollierender Einfluss ausgeübt wird, umfassen. Jede Partei hat dabei die Verpflichtung, diese Strukturen vollständig dem Rechnungshof, samt eintretender Veränderungen, bekanntzugeben. Verstöße unterliegen einer Strafandrohung und sind vom Verfassungsgerichtshof zu ahnden.

Zur Überprüfung von Spenden an die Parteien und ihre Organisationen im bereits beschriebenen Umfang sind dem Bundes- und den Landesrechnungshöfen entsprechende Kompetenzen einzuräumen und bei Verstößen Strafandrohungen vorzusehen. Eine gleichartige Offenlegungspflicht und Strafandrohung trifft alle InhaberInnen eines politischen Mandats ab einer festzulegenden Mindesthöhe des Betrages im Einzelfall. Ein Zerstückelungsverbot und Summierungsgebot soll dabei Umgehungen ebenso verhindern wie ein Bruttoverrechnungsprinzip; das heißt, dass keine erlaubte Gegenleistung (unerlaubte sind selbstredend von vorneherein auszuschließen) von Parteien oder Einzelpersonen in Abrechnung gebracht werden darf.

Die geprüften Buchhaltungen auf allen Ebenen und in allen Organisationen unterliegen den Prinzipien der Vollständigkeit, der Nachvollziehbarkeit und der Rechtmäßigkeit. Dazu gehört das Verbot der Verschleierung etwa durch die Bezahlung von Rechnungen oder Auftragserteilungen durch Dritte und Erbringung von Leistungen jedweder Art, sei es durch Sachleistungen und Personalbeistellungen. Selbstverständlich ausgenommen davon bleibt die persönliche Leistung von ehrenamtlichen FunktionärInnen sowie WahlhelferInnen für eine Partei oder deren AmtsträgerInnen beziehungsweise KanditatInnen.

Abschließend möchte ich Herwig Hösele bemühen, der in seinem Aufsatz „Zur Zukunft von Parteien, Politikern und Parlamenten" eine präzise Zusammenfassung liefert: „Jedenfalls wird durch vermeintliches und tatsächliches Fehlverhalten von Parteien, Politikern und Lobbyisten immer wieder Korruptionsverdacht genährt, wobei es nicht nur um Korruption im strafrechtlichen

Sinne, sondern in Bezug auf den erforderlichen Anstand in Gesellschaft und Politik geht […]. Die Regeln der politischen Ethik müssen daher strenger sein, als das Strafgesetz erlaubt. Es ist nicht alles moralisch vertretbar, nur weil es strafrechtlich sanktionslos bleibt.* […] Daher sind generell in allen Bereichen über die allgemein notwendige Ethik hinaus auch klare Rechtsvorschriften und strenge Kontrollen und Sanktionen geboten. Seriöse und kontrollierte Privatisierung** ist probates Mittel gegen überschießenden Parteieneinfluss." (Hösele 2010, S. 135f.)

Jüngste Beispiele wie bei den ÖBB und der Asfinag haben die Aktualität dieser Forderungen unterstrichen. So war am 9. 6. 2011 im „Kurier" zu lesen, dass die FPÖ wegen des Verdachts der Untreue gegen Kanzler Werner Faymann und Medienstaatssekretär Josef Ostermayer die Staatsanwaltschaft eingeschaltet habe. Sie bezieht sich dabei auf Berichte des „Kurier" über Inseratenserien der ÖBB und der Asfinag in Boulevardzeitungen während Faymanns Zeit als Verkehrsminister. Ein ehemaliger hoher ÖBB-Manager habe im „Kurier" gesagt: „Die Bahn musste in der Zeit, als Werner Faymann Verkehrsminister war, in ausgewählten Boulevardmedien Inserate schalten. Die Kaltschnäuzigkeit war extrem: Man hat einfach bestellt und uns die Rechnung geschickt." Laut FPÖ ist der Verdacht auf Untreue gegeben, weil „durch Missbrauch der Vertretungsmacht" Schädigungen der ÖBB und der Asfinag entstanden seien. Faymann und Ostermayer weisen die Anschuldigungen zurück, und es gilt natürlich die Unschuldsvermutung. Möglicherweise wird den beiden Unrecht getan, aber die einzige wirksame und vorbeugende Maßnahme gegen derartige Vorwürfe ist nun einmal die wirklich vollständige und öffentlich gemachte Transparenz bei der Vergabe von Medienaufträgen, sowohl von der Bundesregierung als auch staatsnahen Betrieben. Dann fällt der Zweifel weg und Vernaderungen, möglicherweise unter dem Schutz des Redaktionsgeheimnisses, können schnell als solche entlarvt werden. Volle Klarheit liegt also auch im begründeten Interesse aller FunktionsträgerInnen. Aber ebenso müsste das Zuwiderhandeln unter Strafandrohung gestellt werden, geltend sowohl für die widerrechtlich Anordnenden wie auch für die Ausführenden, die sich nicht widersetzen.

---

* Außerdem ist zu prüfen, ob es nicht erforderlich ist, manches unter Strafe zu stellen, was bisher übergangen oder übersehen wurde – siehe den Fall Strasser.

** Mit Ausnahme von Einrichtungen der öffentlichen Infrastruktur, der Wohlfahrt, Gesundheit und Bildung sowie der Inneren Sicherheit

Ein Land der Diebe?

Man sieht es an der Zahl der Zitate – die Bücher „Was ist faul im Staate Österreich?“ und „Reformen ohne Tabu“ haben mich der darin enthaltenen Vorschläge wegen beschäftigt, das Buch „Land der Diebe“ hat mich getroffen. Grund dafür ist die darin enthaltene Dokumentation all jener Diebstähle, die möglicherweise geschehen konnten; über die zwar geschrieben wurde, die aber Gefahr laufen, wieder vergessen zu werden, ohne dass etwas geschehen wird. Der Autor Kurt Kuch ruft – ganz im Sinne des geläufigen Sprichworts „Gelegenheit macht Diebe“ – Ereignisse und Gegebenheiten in Erinnerung, über die immer wieder berichtet wurde und die angesichts der täglichen Informationsfülle auch wieder in den Hintergrund treten. Etwa die Tatsache, dass ein Finanzminister einen Teil seiner Steuern nicht gezahlt hat und diesen Umstand durch eine (strafbefreiende) Selbstanzeige just zu dem Zeitpunkt bereinigt, als die Ermittlungen immer konkreter wurden. Mit Recht fragt Kurt Kuch, von welchem westeuropäischen Land man derartiges noch kenne, und weist darauf hin, dass es Staaten gibt, in denen mit einem Monitoring-System die Vermögensentwicklung von PolitikerInnen und Spitzenbeamten kontrolliert wird. Warum gibt es das noch nicht bei uns? Gar nicht zu reden von Schweden, wo die Steuerleistungen aller BürgerInnen öffentlich einsehbar sind, ohne dass sich schon deshalb eine Neidgenossenschaft gebildet hat. Das wäre eine andere Art der „Transparenzdatenbank“, über die nachzudenken es sich lohnen würde. (Kuch 2011, S. 12–21 passim)

Ob Österreich ein Paradies für Lobbyisten und Geschäftemacher bleibt, wie Kuch anprangert, wird sich dann erweisen, wenn das Parlament jenes Gesetz diskutiert und verabschiedet, welches sich über den Sommer 2011 im Begutachtungsverfahren befindet. Bedenklich ist seine Schlussfolgerung allemal: „Nirgendwo in Europa ist es derart einfach, Einfluss auf die Gesetzgebung und die Vollziehung dieser Gesetze zu gewinnen. Denn es gibt einen gesetzlichen Persilschein für allerlei Vorgänge, bei denen in den meisten zivilisierten Ländern Geld- und Haftstrafen drohen.“

Interessant dabei ist nicht so sehr die Frage, was es gibt, sondern vielmehr, was es nicht gibt. Man darf wirklich gespannt sein, ob sich daran etwas ändert: Bisher gibt es keine Verschärfung des Antikorruptionsgesetzes, und man darf erwartungsvoll sein, wann und vor allem wie die Regierung ihr diesbezügliches Versprechen einlöst. Noch immer müssen PolitikerInnen und Parteien ihre Nebeneinkünfte oder Spenden nicht detailliert offenlegen. Es wurden weiters weder die Prüfkompetenzen von Rechnungshöfen auf einen europäischen Standard erweitert noch alle Landesrechnungshöfe in eine wirkliche Unabhängigkeit geführt. Genausowenig wurde bisher das strenge Medienrecht entschärft, die Umgehung des Schutzes des Redaktionsgeheimnisses verboten und das aus der Monarchie stammende Amtsgeheimnis den Erfordernissen eines modernen Rechtsstaates angepasst. Und ebensowenig sei mehr Transparenz geschaffen und die Pressefreiheit gestärkt worden, um der interessierten Öffentlichkeit mehr Einblick in straf- und aufklärungswürdige Vorgänge zu geben, so Kuch in seiner Zusammenfassung.

Natürlich stellt sich die Frage, ob es sich bei dem „Land der Diebe" um die übertriebene Darstellung eines auflagenerpichten Journalisten handelt, der mit aller Macht auf sich aufmerksam machen und sich einen Namen als Aufdeckerjournalist wie seinerzeit Alfred Worm schaffen möchte. Eine für mich schlüssige Antwort auf diese berechtigte Frage geben zwei Persönlichkeiten in Interviews mit dem „Standard" (7. und 9. 4. 2011), denen zu Recht von vielen ÖsterreicherInnen Redlichkeit bei ihrer Einschätzung der politischen Gegebenheiten attestiert wird.

Walter Geyer, der Leiter der Korruptionsstaatsanwaltschaft, hält es für naiv, von PolitikerInnen eine Lösung zu erwarten, denn sie seien selbst Teil des Problems. Und der Präsident des Rechnungshofes, Josef Moser, weist darauf hin, dass Österreich im Korruptionsranking von Transparency International zwar im besseren Drittel liege, jedoch in den letzten Jahren zurückgefallen sei. Er sieht auch dringenden Handlungsbedarf, da die Blüte der Korruption im Dunkeln gedeihe und Transparenz ihr den Nährboden entzöge. Hier weist Moser allerdings auf große Lücken hin, weil es vielfach an Kontroll- und Sanktionsmöglichkeiten fehle.

Beide Experten bedauern den Wegfall der strengen Maßnahmen gegen das „Anfüttern", die nach Schweizer Vorbild gestaltet waren und nur 21 Monate dem politischen Druck standgehalten haben. Darunter war das berechtigte und allgemein verständliche Verbot zu verstehen, „Amtsträger zu beeinflussen, indem man sie mit Gelegenheitsgeschenken oder etwa Einladungen zur Jagd gesonnen stimmt", präzisiert Moser. Um was es dabei tatsächlich geht: Nach dieser (alten) Regelung waren AmtsträgerInnen, die im Hinblick auf ihre Amtsführung einen Vorteil fordern, annehmen oder sich versprechen lassen, strafbar. Gerade diese Bestimmung wurde also abgeschwächt, sodass die Forderung nach einem eindeutigen Verhaltenskodex umso berechtigter ist.

Eine Frage, die sich zwangsläufig stellt: Haben die SchweizerInnen mit ihren Bestimmungen übers Ziel geschossen oder eher wir ÖsterreicherInnen uns wiederum für das Augenzwinkern nach dem Motto „Es ist ja alles nicht so schlimm“ entschieden? Eine Antwort gibt Geyer, wenn er darauf hinweist, dass die ExpertInnen von GRECO, der Staatengruppe gegen Korruption, bereits 2008 Österreichs „mangelndes Problembewusstsein“ kritisierten. Er liefert auch einen interessanten (Detail)Vorschlag, von dem man nur hoffen kann, dass er in unserer Gesetzgebung rechtlichen Widerhall findet: Es geht um den Einsatz von LobbyistInnen und ConsulterInnen auf Basis von Erfolgshonoraren bei öffentlichen Ausschreibungen oder Bieterverfahren. Da ein Vergabeverfahren ja bedingt, dass alle TeilnehmerInnen die gleichen Chancen haben müssen (und dann tatsächlich der Bestbieter zum Zuge kommt), ist die Schlussfolgerung absolut zulässig, dass LobbyistInnen gegen Honorar auf legale Weise eigentlich keinerlei Leistung erbringen können und solches daher verboten werden müsste.

Bemerkenswert ist eine weitere Feststellung Geyers, wenn er auf folgenden Sachverhalt verweist: „Alle EU-Länder sind an internationale Vereinbarungen oder Vorschriften gebunden, die zumindest im Kernbereich eine Strafbarkeit von Bestechung vorsehen. Ob Österreich selbst diesen Verpflichtungen nachkommt, ist zumindest beim OECD-Bestechungsübereinkommen strittig. Der OECD-Vertreter Mark Pieth hat dies verneint und Österreich als Korruptionsoase bezeichnet.“

Haben wir es wirklich nötig, als „Korruptionsoase“ zu gelten, oder ist nicht vielmehr von der Politik einzufordern, diesen Zustand schnell, nachhaltig und umfassend zu verändern?

Aber auch der Rechnungshofpräsident legt seine Finger in offene Wunden, wenn er etwas darauf verweist, dass ohne nachvollziehbare Rechtfertigung öffentliche Unternehmungen – ÖBB, Asfinag oder Wiener Linien – aus den strengen Korruptionsbestimmungen ausgenommen werden. Die heute geltenden Regelungen reichen nicht mehr aus, um Korruption präventiv und effektiv zu bekämpfen. Und er bestätigt darüber hinaus, dass bei den Einkünften von PolitikerInnen dem Transparenzgebot bei weitem nicht Genüge getan wird. Was er damit konkret meint, wird an einem Beispiel deutlich: Zwar müssen MinisterInnen ihre Vermögen dem Rechnungshof bekannt geben, doch angesichts der abgegebenen Meldungen kann nahezu unmöglich herausgelesen werden, ob ein außergewöhnlicher Zuwachs stattgefunden hat. Und selbst, wenn dies gelänge, blieben Konsequenzen aus: Das Gesetz sieht nur eine Meldung an den/die NationalratspräsidentIn und – geradezu unglaublich, aber wahr – keine weiteren Sanktionen vor. Hier geht es nicht um eine Verletzung der Privatsphäre, wie so gerne eingewendet wird, sondern um die Vermeidung jedes Anscheins der Bereicherung bei Inhabern öffentlicher Ämter.

Etwas Vergleichbares gilt für staatsnahe Unternehmen, wo Bezüge, Abfertigungen und Pensionsansprüche nicht öffentlich gemacht werden, weil Österreich eben nicht die Grundsätze der OECD bezüglich Corporate Governance erfüllt und weiterhin weit hinter den Standards für börsennotierte Unternehmungen zurückbleibt. Die schönsten Benefits gedeihen eben am besten im Verborgenen. Es ist nur zu hoffen, dass jene, die hier Veränderungen bewirken können – nämlich die Mitglieder der Bundesregierung und des Parlaments –, die konkreten Hinweise, die immerhin vom Präsident des Rechnungshofes und vom Leiter der Korruptionsstaatsanwaltschaft stammen, nicht nur lesen, sondern auch beherzigen.

Zwei Persönlichkeiten, eine Meinung, viele dringend erforderliche Maßnahmen. Der einzige Dank, den Ernst Strasser verdient, gilt seiner Schamlosigkeit und Dummheit zugleich, denn das berühmt gewordene Video hat ganz Österreich ein Sittenbild vorgeführt, das auch von der Politik nicht unbeachtet bleiben kann. Nun, liebe politisch Verantwortliche, lasst den Worten der Empörung auch wirkliche Taten folgen, denn daran werdet ihr gemessen werden. Österreich steht in der Tat an einem Wendepunkt und der Worte sind genug gefallen.

Was an konkreten Vorhaben lässt sich nun wirklich aus den Papieren unserer Regierung ablesen?

„Österreich weiterbringen" – z.B. in der Schulpolitik

„Österreich weiterbringen" heißt das 92-Punkte-Programm, das sich die Regierung Ende Mai 2011 für die zweite Hälfte einer (verlängerten) Legislaturperiode vorgenommen hat. Grund genug sich anzuschauen, welchen Preis sie mit angekündigtem Fleiß erzielen möchte.

Einen Preis verdient allerdings vorweg Staatssekretär Ostermayer für ein Vorhaben, das getrost als historisch bezeichnet werden kann: Nach 56 Jahren scheint es so, dass der skurrile Streit um zweisprachige Ortstafeln in Kärnten endgültig beigelegt wurde, was in erster Linie dem stillen und bedächtigen, letztlich erfolgreichen Verhandlungsstil des Staatssekretärs im Bundeskanzleramt sowie dem Einlenken und Mitwirken des Kärntner Landeshauptmannes Dörfler und den Organisationen der Kärntner Slowenen zuzuschreiben ist. Österreich dankt und atmet erleichtert auf.

Zwei weitere im Katalog aufgezählte Projekte harren zum Publikationszeitpunkt des Programmes nur noch der dritten Lesung im Parlament und gelten damit ebenfalls als (fast) erledigt: das CCS-Gesetz, das die geologische Speicherung von CO_2 verbieten soll, und eine Novelle zum Gaswirtschaftsgesetz. Auch hier braucht sich die Regierung nicht mehr anzustrengen, aber jeder Punkt zählt in der Statistik.

Für weitere 13 Punkte gilt, dass zwar in der Kürze die Würze liegt, aber die Reduktion auf Überschriften nicht wirklich darüber Aufschluss gibt, was die Regierung vorhat. Urteilen Sie jedoch selbst:

- Integration nach der 8. Schulstufe
- Neuorientierung 9. Schulstufe, Attraktivierung der Polytechnischen Schule
- Weiterentwicklung Pädagogische Hochschulen
- Faculty-Modell für Universitäten
- Umsetzung Nationaler Qualifikationsrahmen
- LLL: 2020-Strategie zum lebensbegleitenden Lernen in Österreich
- Ausbau von Studienangeboten für Berufstätige
- KMU-Wettbewerbsfähigkeit stärken durch Verbesserungen und Vereinfachung der Unternehmensnachfolge
- Einführung österreichweites Qualitätsmonitoring im Gesundheitsbereich
- Wahlfreiheit der KonsumentInnen bei Gesundheitsdienstleistungen und Lebensmitteln stärken
- Konsumenten- und Gesundheitsbildung Schulen
- Einrichtung Bundesnetzwerk „Nachwuchsleistungszentren“
- Verwaltungskosten senken für Bürger und Unternehmen

Hier ist offensichtlich etwas verwechselt worden: Ein Regierungsprogramm ist nicht für die Schlagzeilenredaktion von Boulevardmedien verantwortlich, sondern soll Aufschluss darüber geben, was die Regierung eigentlich plant in nächster Zeit. Die Vorhaben in der Kulturpolitik (Anzahl: zwei) beschränken sich auf Eröffnungen, und zur Energiepolitik wissen wir nun, dass wir bis 2050 zu 100 Prozent energieautark sein wollen. Wie das geschehen soll, werden meine Urenkel erfahren, denn mehr Auskunft ist zumindest derzeit von der Regierung nicht zu bekommen. In der Außenpolitik will die Regierung glatt eine Nullnummer hinlegen, denn wenn überhaupt, kommt sie nur versteckt oder indirekt vor. Bleiben also 72 von 92 Punkten, die eine nähere Betrachtung verdienen.

Zieht man die sieben Überschriften mit deklamatorischem Charakter ab, so sind immerhin 12 der Bildung, Wissenschaft und Forschung gewidmet. Keine Widmung erfährt dabei der Kindergarten, weil er zum Schrebergarten der Landeshauptleute zählt und somit auch weiterhin in neun verschiedenen Landesgesetzen geregelt bleibt – vom pädagogischen Auftrag bis hin zum Dienstrecht. Föderalismus ist nicht nur hier alles mal neun. Die Straffung der Schulbehörden durch Abschaffung der Landes- und Bezirksschulräte als Relikt zur Durchsetzung von Proporzbegehrlichkeiten wird nicht einmal angedacht und die Landeslandwirtschaftsschulen dürfen weiterhin ihr Eigenleben führen. Dafür werden aus Hauptschülern Neue Mittelschüler und Gymnasiasten bleiben, was sie sind.

Aber immerhin nimmt man sich den Ausbau der Ganztagesbetreuung vor, die neue Oberstufe soll ein universitätsähnliches Modulsystem erhalten, Sitzenbleiben soll nur mehr ultima ratio sein, es gibt eine neue PädagogInnenausbildung. Mut beweist man alleine schon mit der Ankündigung, eine neues Lehrerdienst- und Besoldungsrecht verhandeln zu wollen, was immer das heißen mag. Hinsichtlich der dringend notwendigen zusätzlichen Mittel für die Universitäten schweigt man sich aus, Klagsdrohungen von RektorInnen werden dabei ignoriert, man verschanzt sich hinter der verwaschenen Ankündigung, bis Ende des Jahres ein Gesamtmodell einer neuen Universitätsfinanzierung vorlegen zu wollen.

Sitzenbleiben ist also die ultima ratio, liest man und ist erfreut über pädagogische Ein- und Weitsicht. Zunächst schien es auch so, als könnte daraus eines der ersten wirklich konkreten Umsetzungsprojekte werden, denn kurz darauf überbrachten SPÖ-Ministerin Schmied und ÖVP-Bildungssprecher Amon eine gute Schulnachricht. Dazu schreibt Daniela Kittner im „Kurier" (20. 6. 2011), dass mit Sitzenbleiben im großen Stil Schluss sei, sei „angesichts der ideologisch bedingten Reformfaulheit von Rot und Schwarz ein löbliches Arrangement."

Wenige Tage später war alles anders, denn Amon erklärte, offensichtlich unter dem Druck der Parteioberen, es sei noch nicht fix, mit drei Fünfern aufsteigen zu dürfen. „Zurück zum Start" heißt es beim beliebten Kinderspiel „Mensch ärgere dich nicht" und so auch (wortwörtlich so ausgedrückt) bei

ÖVP-Obmann Spindelegger. Aber der Mensch ärgert sich doch: besonders über das Hin und Her der ÖVP.

Mittlerweile hat man einen Kompromiss gefunden, der österreichischer nicht sein könnte: Bei drei Fünfern entscheiden die LehrerInnen. Eine Bemerkung am Rande: Jene Länder, die die geringsten Durchfallquoten haben, zählen zu den Siegern des Pisa-Tests, und jene mit den höchsten Repetentenzahlen bilden die Schlusslichter. Da soll noch jemand kommen und sagen, dass sich Leistung nicht lohnt!

Schon möglich, dass ein Weg der kleinen Schritte der einzig machbare ist und Kompromisse notwendig sind, um überhaupt etwas zustande zu bringen, aber der „große Wurf" ist es mit Sicherheit nicht. Wie viel mutiger und zukunftsorientierter lesen sich da die Thesen von Bernd Schilcher in dem Buch „Reformen ohne Tabu", dessen Herausgeber Herbert Paierl und Markus Heingärtner als Präsident und Geschäftsführer des „management club" fungieren, der wiederum dem ÖVP-Wirtschaftsbund nahesteht.

¶ Wir brauchen ein flächendeckendes Angebot an elementar-pädagogischen, auch ganztägigen Einrichtungen, die Kinder ab dem ersten Lebensjahr – bei Bedarf – eine anregende Umgebung und liebevolle Betreuung bieten

¶ Wir brauchen eine gemeinsame Schule für Kinder aus allen sozialen Schichten und Kulturen mit den verschiedensten Begabungen bis zum 14. Lebensjahr, um gleiche Aufstiegschancen für alle zu bieten, miteinander leben und arbeiten zu lernen und gegenseitige Hilfe und Unterstützung zu üben

¶ Wir brauchen ein flächendeckendes Angebot an Ganztagsschulen als Regelschulen, weil die heute zu 72 % berufstätigen Eltern die vielfältigen Aufgaben der Begabtenförderung und der Unterstützung bei Leistungsschwächen wie auch die Vermittlung von sozialen Kompetenzen nicht erfüllen können.

¶ Wir brauchen dringend eine massive Erhöhung von akademischen Qualifikationen. Wenn wir die Anzahl der akademischen Abschlüsse pro Jahr im Verhältnis zu Jahrgangskohorten jährlich um 2 % steigern, können wir im Jahr 2020 die von der OECD vorgesehenen 40 % erreichen. (Paierl/Heingärtner 2011, S. 42ff.)

Dass Schilcher über diese bildungspolitischen Ziele hinaus alle parteipolitisch besetzten Schulgremien ersatzlos streichen, die Praxis der Postenbesetzungen im Schulbereich nach Parteizugehörigkeit abschaffen und die machtpolitische Aufteilung der Bildungsagenden auf Bund, Länder und Gemeinden beenden möchte, spricht für ihn, weist ihn aber als Gegner des (eigenen) politischen Establishments aus, das sich für Halbherziges entschieden hat.

Abgesehen davon signalisiert auch seine Sprache jene Zukunftsorientierung, die dem Amtsdeutsch des Regierungsprogramms so sehr abgeht. Gerade, wenn es um Bildung geht, würde man sich mehr erhoffen als „Standorte", „Betreuungsplätze", „Weiterentwicklungen", „Qualitätssicherungen", „Ausbauten" und „Systeme".

„Österreich weiterbringen" – Wirtschaft, Arbeit und Pensionen

Das Kapitel Wirtschaft und Arbeit trägt mit seinen neun Punkten Sozialpartner-Handschrift, was für solides Handwerk steht und gediegene Umsetzung erwarten lässt. Das ist immerhin etwas. Das Infrastrukturministerium trägt Details zu drei Punkten bei, ohne auf eine der drängendsten Fragen eine Antwort zu geben: Wie wird die Dienstleistung der ÖBB erhöht und das Defizit eingeschränkt? Die Aufgabe gleicht zwar einer Quadratur des Kreises, aber wir hätten zumindest gerne erfahren, wie sie angegangen werden soll.

Anerkennung muss man Minister Rudolf Hundstorfer zollen, dem mit der Einführung des gesamtösterreichischen Pflegefonds eine (hoffentlich dauerhafte) Lösung der Pflegefinanzierung gelungen ist. Verständlich, dass die Regierung ein solches Highlight auch in ihren künftigen Aufgabenkatalog aufnimmt und nicht in der Kategorie „erledigt" anführt.

Dass sich die Bundesregierung im Bereich der Pensionen zu einer nachhaltigen Finanzierung des staatlichen Umlagesystems bekennt (ein beitragsorientiertes System wäre wohl zu utopisch und ungerecht; eine „Volkspension" zu radikal) ist ein schönes Versprechen und dass das faktische Pensionsantrittsalter an das Regelpensionsalter herangeführt werden soll, eine unumgängliche Notwendigkeit. Der Fokus ist dabei stets auf jene Generation gerichtet, die sich bereits gedanklich mit der Zeit nach dem Arbeitsleben beschäftigt. Aber wann wird den Jungen, die sich gerade erst eine Existenz aufbauen, reiner Wein eingeschenkt und regierungsoffiziell gesagt, dass sie bei weiter steigender Lebenserwartung (Gott sei Dank) und längerer (beitragsfreier) Ausbildungszeit, bei einer sich verschlechternden Relation zwischen Erwerbstätigen und Pensionisten sowie verminderten staatlichen Füllhörnern erheblich mehr Eigenvorsorge betreiben müssen als das noch ihre Eltern tun? Das alles ist nicht neu, aber das Versprechen der Regierung, ein langfristiges Monitoring zu betreiben und „die Maßnahmen des BBG 2011 zu beobachten" viel zu schwammig, um der nächsten Generation Orientierung zu geben.

Wie viel anspruchsvoller wirken da die Aussagen in „Reformen ohne Tabu" (Paierl/Heingärtner 2011) schon allein in den Überschriften:

- Unternehmen werden mit Älteren anders umgehen müssen, bevor es wehtut.
- Österreich braucht ein Anreizsystem, damit Menschen länger arbeiten wollen und können.
- Das gesetzliche Pensionierungsdatum wird eine fiktive Größe.
- Die Pensionierung muss eine Membran sein, die in beiden Richtungen durchlässig ist.
- Wir müssen das Potenzial älterer Arbeitnehmer erkennen.
- Das frühere Pensionsantrittsalter für Frauen muss rasch ausgeglichen werden.

Auf den ersten Blick keine angenehmen Botschaften, aber es würde sich für die Regierung anbieten, darauf auch Antworten zu geben, noch dazu, wo die derzeit herrschende Pensionspraxis auf allen Mängellisten steht, die von internationalen Organisationen erstellt werden, wie zuletzt vom Internationalen Währungsfonds. Eines ist dabei vorauszusetzen: Die Bevölkerung darf nicht durch Schwarzmalerei verunsichert werden, als ob das Pensionssystem vor dem akuten Zusammenbruch stünde, aber Beruhigungsplacebos schaffen die Probleme ebenso wenig aus der Welt.

Sisyphus und das Gesundheitswesen

Eine wahre Sisyphusarbeit steht der Regierung im Bereich der Spitals- und Gesundheitsreform bevor. Die Probleme sind so drängend geworden, dass sich auch die engstirnigsten FöderalistInnen einer österreichweiten Lösung nicht mehr verschließen können. So soll eine Neustrukturierung und Organisation des Spitalsbereichs mit einem abgestimmten Leistungsangebot, einheitlichen Rahmenbedingungen und einer österreichweiten Vergleichbarkeit vorgenommen werden. Ein starkes Wort in der Länder Ohr, wenn es darum geht, ein bundeseinheitliches Spitalsgesetz statt der bisher 10 (!) unterschiedlichen Gesetze zu kreieren.

Der Teufel liegt wie immer im (noch unbekannten) Detail, etwa wenn es darum geht, Einrichtungen zu schließen, Kompetenzen zu verlagern und Betten einzusparen. Alleine die Schließung einer regionalen Geburtenstation hat im Bundesland Salzburg 2009 zu einem wahren Sturm der Entrüstung geführt, in dessen Getöse sachliche Erwägungen gar nicht gehört werden wollten. In unser aller Interesse ist dem zuständigen Minister jenes Verhandlungsgeschick und auch die notwendige Fortune zu wünschen, die erforderlich sein werden, um landesherrlichem Aufbegehren, bürgermeisterlicher Verweigerung und primarärztlichen Claims entgegentreten zu können.

Aufgegeben oder gar nicht angedacht hat man von Regierungsseite das unerklärbare Dickicht bei den Sozialversicherungsträgern. Man beschränkt sich auf ein Sanierungskonzept für die Krankenkassen, bei welchem ein „verbindlicher Kostendämpfungspfad mit Finanzzielen vereinbart wurde." Schön wären PfadfinderInnen, die erklären könnten, warum ArbeiterInnen und Angestellte eine andere Krankenkasse haben müssen als öffentliche Bedienstete und warum Letztere für die Inanspruchnahme von ÄrztInnen bezahlen müssen, was Ersteren wiederum erspart bleibt. Oder warum Unterschiede in den Leistungen bestehen, übrigens auch länderweise bei den Gebietskrankenkassen, und warum Bauern, Gewerbetreibende, Eisenbahner etc. eigene Einrichtungen brauchen bis hin zu Erholungsheimen und Therapiezentren. Aber es wäre unfair, dafür die jetzige Regierung verantwortlich zu machen, weil schon ihre Vorgänger vor dieser Herkules-Aufgabe kapituliert haben. Selbstverwaltung als Anspruch ist gut und schön, aber es stellt sich die Frage, wer da wen selbst verwaltet. Dafür erfahren wir aber aus dem Programm, dass sich die Regierung die Einführung eines „österreichweiten Qualitätsmonitoring im Gesundheitsbereich samt Gesundheitszielen" für unser Land und einen „Kindergesundheitsdialog" auf ihre Fahnen geheftet hat.

Bewegung im Innen- und Justizressort?

Martialisch beginnt das Kapitel „Sicherheit" mit der Aussage, eine Strategie zur „Cyber-Security" entwickeln zu wollen, und wir lernen, dass damit im Mai 2011 begonnen wurde. Der Kampf gegen die Eigentumskriminalität wird fortgesetzt, es gibt eine „Fremdenpolizei Neu", und ein Verkehrssicherheitsprogramm werden wir ebenfalls erleben.

Endlich kommt es zur Schaffung eines „Bundesamtes für Asyl und Migration", wodurch Verfahren deutlich verkürzt und vereinfacht werden, weil derzeit 194 (!) Behörden auf diesem Sektor werktätig sind. Über die Politik, die mit diesem neuen Amt umgesetzt werden soll, schweigt man sich allerdings aus. Erst die Praxis wird zeigen, wozu dieses neue Werkzeug verwendet werden wird. Das Justizministerium will sich dem verstärkten (strafrechtlichen) Schutz von Kindern widmen und hat sich nach acht Jahren Diskussion „die Umsetzung des internationalen Abkommens gegen Folter und unmenschliche Behandlung bei der Volksanwaltschaft" vorgenommen. Außerdem wird eine Erhöhung der Transparenz (Lobbyistengesetz, Medientransparenzgesetz, Parteienfinanzierung) für den Herbst 2011 versprochen. Man darf wirklich gespannt sein, wie viel Durchblick wir dann haben werden.

Auch die Obsorge, das Besuchsrecht und das Namensrecht mit dem „Kindeswohl als oberstem Prinzip" sollen im Rahmen des Familienrechts neuen gesellschaftlichen Verhältnissen und Bedürfnissen angepasst werden. Darüber hinaus soll eine Reform des Jugendwohlfahrtrechts eine deutliche Verbesserung des Kinderschutzes bringen, weshalb mit den Ländern Verhandlungen für ein gemeinsames Bundes-Kinder- und Jugendhilfegesetz geführt werden. Ebenso ist es Ziel, die derzeit neun unterschiedlichen Jugendschutzgesetze (der Länder) zu harmonisieren. In all diesen Punkten kann man nur auf gutes Gelingen hoffen, denn vom Strafrecht über das Familienrecht bis hin zu Jugendwohlfahrt und Jugendschutz geht es um den bestmöglichen Schutz jener, die am meisten verletzbar sind und sich am wenigsten wehren können.

Ein Armutszeugnis

Wenn schon von den Schwächeren in der Gesellschaft die Rede ist, dann muss auch die Rede davon sein, dass wir ÖsterreicherInnen die Armut offensichtlich besiegt haben, denn dieses Wort kommt im ganzen Programm nicht einmal vor. Was es nicht gibt, muss nach Ansicht der Regierung auch nicht bekämpft werden. Wir haben ja, darauf wird oft genug hingewiesen, die niedrigste Arbeitslosenrate in der EU, eine hohe Beschäftigungsquote und über eine Mindestsicherung verfügen wir auch. Versteckte Arbeitslosigkeit, prekäre Beschäftigungsverhältnisse, überproportional steigende Lebenshaltungskosten von Mindestpensionisten, Mehrkinderfamilien mit einem Alleinerhalter, Menschen mit Behinderung (auch ein Wort, das nicht vorkommt): Diese, wie manche zynisch behaupten könnten, zumeist „selbstverursachten, Wechselfälle des Lebens" sind in einem der reichsten Länder Europas absolute Minderheitenthemen, die, mit der rosa Brille von RegierungspolitikerInnen betrachtet, ruhig ausgespart werden können, wenn wir unsere schöne heile Welt beschreiben.

In einem Programm, in dem schon „Armut" keinen Platz hat, weil sie sich höchstens versteckt, ist es schicklich, auch das Wort „Reichtum" auszusparen – wegen der Neidgenossenschaft – eh schon wissen! Und außerdem müsste man sich dann auch an den Begriff „Gerechtigkeit" heranwagen und womöglich forschen, wo sich Ungerechtigkeiten verbergen, die es zu bekämpfen gälte.

Aber solche Reizwörter werden lieber beiseite gelassen, einerseits des lieben Koalitionsfriedens willen, und andererseits gilt: Was sollen schon BeamtInnen und Kabinette, die solche Programme zusammentragen, dazu schreiben, wenn nicht einmal die politisch Verantwortlichen dazu eine Meinung äußern? Es wäre naiv, von einer Regierung zu erwarten, dass sie in einem beschränkten Zeitraum in der Lage ist, für all das, was angesprochen wurde, eine ausreichende und vor allem schnelle Lösung zu finden. Dafür sind die Themen viel zu komplex und die Ursachen zu vielschichtig, als dass es die einfachen und schnellen Antworten geben könnte.

Aber alleine sie anzusprechen, würde das Gefühl vermitteln, dass sie nicht außerhalb des Wahrnehmungshorizontes der politischen Eliten liegen. So allerdings wird man an ein Verhalten erinnert, das WienerInnen mit „nicht einmal ignorieren" beschreiben, da diese real existierenden Lebenswelten so fremd, weil entfernt geworden sind.

Ein Armutszeugnis ist auch die Reduktion der Haftentschädigung. Clemens M. Hutter hat in einem Leserbrief in der „Wiener Zeitung" (17. 6. 2011) darauf hingewiesen und dem Bekenntnis zur Freiheit in politischen Sonntagsreden das Ansetzen des Rotstifts ausgerechnet bei diesem Gut entgegengesetzt. „Wer unschuldig hinter Gittern dunstet, kriegt künftig je 24 Stunden gestohlener Lebenszeit statt der ohnedies beleidigenden 100 nur mehr 20 bis 50 Euro. Im Vorjahr betrugen die Haftentschädigungen 1,1 Mio. Euro. [...] Unsere Parteien genehmigen sich jährlich 180 Millionen zwecks ‚Förderung' ihrer Arbeit – macht täglich 493.100 Euro. Für Eigenwerbung mit Zeitungsinseraten spendieren sie 100 Millionen – macht täglich 273.900 Euro. Zusammen also rund eine dreiviertel Million. Das ist das 15.316-Fache von 50 Euro für einen Tag gestohlener Lebenszeit und das 38.344-Fache bei 20 Euro – dem Mindestlohn für zwei Arbeitsstunden oder der Buße für Falschparken."

Nimmt man die Haftentschädigungen des Vorjahres zur Grundlage, dann werden wahrscheinlich mit der Neuregelung etwa 600.000 Euro eingespart. Da soll noch einer sagen, die Regierung sei nicht voller Spareifer am Werk! Dieser Skandal fügt sich nahtlos zu jenem, der durch den „Wiener Neustädter Tierschützerprozess“ offenkundig geworden ist. Nachdem alle Angeklagten in allen Punkten freigesprochen wurden, erhalten sie von der Republik geradezu lächerliche Entschädigungen für ihre (sicherlich enormen) Anwaltskosten.

Positive Ansätze?

Es wird fleißig „evaluiert“ und „nachhaltig“ gesichert, wenn es um den Familienlastenausgleichsfonds geht. Schieflagen sollen ebenso behoben werden wie Beitragsgrundlagen erweitert. Wir sollen, wie das Programm ausführt, auch dazu lernen, „dass einkommensabhängiges Kindergeld und Absetzbarkeit von Kinderbetreuungskosten die Vereinbarkeit von Beruf und Familie verbessern, wie der Ausbau der Kinderbetreuung mehr Wahlfreiheit schafft und die Vereinbarkeit von Familie und Beruf erleichtert“. Schön, dass uns die Regierung auf etwas aufmerksam macht, was wir ohnehin schon lange wissen.

Konkret wird es wenigstens, wenn es um die Fortsetzung des Ausbaues von Kinderbetreuungsplätzen, auch für unter Dreijährige und Ganztagsangebote geht, denn dafür werden auch Mittel zur Verfügung gesellt, nämlich ganze 55 Millionen Euro in den Jahren 2011–2014. Mit Zahlen lässt sich wenig anfangen, wenn man sie nicht relativiert: Es mag polemisch klingen, aber nach den Schätzungen des Parteienforschers Hubert Sickinger wenden die Steuerzahler in derselben Zeit etwa das Zwölffache für die Parteienfinanzierung auf. Nur damit die Kirche im Dorf bleibt, sei das erwähnt.

Auch zur „Weiterführung von Nationalen Aktionsplänen“ hat man sich entschlossen, etwa bei der Integration und für die Gleichstellung am Arbeitsmarkt. Der Sport darf ebenso nicht fehlen, der natürlich auch einen „Nationalen Aktionsplan“, nämlich für Bewegung, bekommt. Eine „Sportförderdatenbank“ und die Einrichtung eines Bundesnetzwerkes „Nachwuchsleistungszentren“ runden das ambitionierte Programm ab. Und auf die Skispringer dürfen wir stolz sein, auf die Skifahrer schon etwas weniger und auf die Fußballer nur ab und zu.

Eine Novelle zum Ökostromgesetz, die uns spätestens 2015 vom Atomstrom unabhängig machen soll, wird uns für den Herbst versprochen und ist mittlerweile schon verabschiedet. Eh schon wissen: „Raus aus Atom – Rein in Erneuerbare“, für eine „saubere Zukunft unserer Kinder“ und weil sonst Gefahr der Wähler-Atomisierung.

Positiv, weil konkret und gut umsetzbar ist hingegen die fortgesetzte Förderinitiative für die thermische Sanierung von Gebäuden, für die immerhin jährlich 100 Millionen Euro zur Verfügung gestellt werden. Da freut man sich ebenso wie sich die Landwirte freuen werden, dass „die Zahlungen für österreichische Bauern bei der gemeinsamen Agrarpolitik abgesichert werden sollen und zwar durch Verhandlungen auf EU-Ebene“. Außerdem: „Erhalt der ersten und zweiten Säule“ – alles klar?

Ebenso erleichtert uns die Ankündigung, dass der gentechnikfreie Anbau in Österreich laufend abgesichert werden soll wie überdies die gentechnikfreie Lebensmittelproduktion forciert wird. Über das „wie“ brauchen wir uns nicht den Kopf zu zerbrechen, weshalb es bei der Überschrift bleibt. Für was gibt es schließlich die ExpertInnen, deren Kompetenz wir uns ebenso anvertrauen, wenn es darum geht, bei der Lebensmittelkontrolle „Effizienzpotentiale im System zu heben“? Der „Feinkostladen Europas“ ist also in guten Händen und das soll so bleiben. Ein leistungsfähiger Staat soll uns auch erhalten bleiben, was als ersten Punkt die Stärkung des effizienten Förderwesens (nicht irgendeines Förderwesens also, sondern „des effizienten“, was der Rechnungshof wiederum beruhigt zur Kenntnis nehmen wird) durch eine Transparenzdatenbank erforderlich macht.

Was im Asylbereich durch ein neues Bundesamt gelingt, soll nach zwei Jahrzehnten (!) Diskussion zur größten Strukturreform in den Verwaltungsverfahren führen. Deshalb werden über 100 (!) Sonderbehörden aufgelöst und durch 11 ersetzt. Gut Ding braucht eben Weile und soll auch entsprechend positiv vermerkt werden.

Ebenso dankbar registrieren wir, dass ein Reformvorschlag mit über 330 Einzelmaßnamen zu Verwaltungsvereinfachungen und Entlastungen von bürokratischen Prozessen führen soll. Da haben sich wirkliche Drachentöter auf den Weg gemacht, denke ich ohne Zynismus.

Arbeit signalisiert die Regierung auch bei einer Strukturreform im Bereich der Steuern, die für 2013 versprochen wird – man übt sich gerne in Geduld, wenn es sich, gemessen am Ergebnis, wirklich lohnt. Warten wir's ab. Für ein paar nähere Hinweise wären wir dankbar gewesen, weil „Strukturreform“ alles und nichts bedeuten kann. Etwa dann, wenn das Ergebnis diversen Lobbys gerecht wird und für den Rest hat's halt nicht gereicht.

Verlassen wir das Spiegelkabinett

Jetzt wissen wir also, was in etwa drinnen steht, in der Agenda unserer Regierung. Aber mindestens ebenso interessant ist, was eben nicht drinnen steht, sondern draußen bleibt. Davon zu berichten ist mein Beitrag in diesem Denkanstoß.

Es geht um ein Persönlichkeitswahlrecht, um eine Reform des Gesetzes für die Parteien ebenso wie ihrer Finanzierung, um die Position des Parlaments in unserer Demokratie, um eine radikale Korruptionsbekämpfung, um eine Eindämmung des Parteieneinflusses in Bereichen, wo sie nichts zu suchen haben. Um die Qualität politischer Eliten – um eine Demokratiereform also. Aber dieses Wort kommt im Programm der Regierenden nicht vor. Man wird sie daran erinnern müssen.

Johannes Voggenhuber hat in seinem Artikel „Daheim im Spiegelkabinett" eine ebenso pointierte wie zutreffende Analyse dessen geliefert, was an demokratiepolitischer Agenda auf die Erledigung wartet:

> Es erscheint notwendig, das zermürbende Mahlwerk einer öffentlichen Debatte um die ewig selben Reformen, die niemals stattfinden, einen Moment lang anzuhalten und Maßnahmen zur Reanimation der österreichischen Politik einzuleiten. Republik, Rechtsstaat und Demokratie müssen so weit instand gesetzt werden, dass eine politische Mindestdynamik entstehen kann, in der reale Veränderungen wieder möglich werden. Es sind einzelne, tiefgreifende Eingriffe unerlässlich, soll die Integrität der staatlichen Institutionen Parlament, Justiz, Regierung und Verwaltung wiederhergestellt werden, damit notwendige Reformen von den Bürgerinnen und Bürgern als legitim anerkannt werden. Die verspiegelten Wände müssen zerschlagen und die Welt wieder sichtbar werden.
>
> Die Parteienherrschaft muss gezähmt werden. Dazu muss die Finanzierung der Parteien vollständig öffentlich gemacht werden, unabhängige Kontrollen und Sanktionen dazu eingeführt werden. Die Vergabe von Dienstposten oder die Vergabe von Aufträgen nach Parteibuch sollte mit einer eigenen Bestimmung im Strafgesetzbuch als schwere Korruption geahndet werden. Im Parteiengesetz sollten Verpflichtungen zu einem demokratischen inneren Aufbau, zur demokratischen Wahl von Kandidaten und zur Gleichstellung der Frauen verankert werden.
>
> Die Unabhängigkeit der Justiz muss wiederhergestellt werden. Der politische Einfluss auf die Justiz durch die Rolle der Staatsanwaltschaft bei Ermittlungen und Anklageerhebungen ist durch eine nicht enden wollende Serie von Skandalen

unbestreitbar geworden. Das System unabhängiger Untersuchungsrichter muss wieder eingeführt und ihre Befugnisse gegenüber Polizei und Staatsanwaltschaft ausgebaut werden. Ohne sie darf kein Ermittlungsverfahren eingestellt werden. Die klägliche Geschichte um einen vollständigen Katalog der Grund- und Freiheitsrechte sollte beendet werden. Die Europäische Charta der Grundrechte sollte in die Verfassung aufgenommen und ihre Geltung auch auf nationaler Ebene anerkannt werden. Der freie Zugang zum Verfassungsgericht für alle Bürgerinnen und Bürger und alle Fraktionen im Parlament soll erweitert werden. Urteile des Verfassungsgerichtshofes müssen durchgesetzt werden. Dazu sind offenkundig neue Instrumente notwendig, die es dem Gerichtshof ermöglichen, das verfassungsmäßige Handeln von Behörden zu erzwingen. Die Unabhängigkeit des ORF muss durch gesetzliche Bestimmungen durchgesetzt und vor jedem parteipolitischen Einfluss geschützt werden. Die Presseförderung muss als Sockelförderung nach objektiven Kriterien vergeben werden und ein einklagbares Recht darstellen.
Die Autonomie der Universitäten soll erweitert werden, ihre Finanzierung innerhalb von drei Jahren, gesetzlich bindend, auf zwei Prozent des Bruttonationalprodukts angehoben werden. Der ewige Föderalismusstreit und der jahrzehntelange fruchtlose Zank um eine Verwaltungsreform könnten beendet werden, indem die Bundesländer zur Finanzierung ihrer eigenen Aufgaben die Steuerhoheit erhalten und sich selber vor ihren Bürgern und Bürgerinnen rechtfertigen müssen. Auf Bundesebene braucht der Bundeskanzler eine Richtlinienkompetenz, will er nicht zur Geisel eines bloßen Parteienkartells der Macht werden.
Im Spiegelkabinett der österreichischen Politik verliert sich die Achtung des Rechts vor aller Augen. Gewaltenteilung, die parlamentarische Demokratie und die Unabhängigkeit der Gerichtsbarkeit werden zur bloßen Fiktion. Von Anfang an wurde diese Entwicklung von den Parteien mit dem unsäglichen Begriff der „Realverfassung" jedem Unrechtsbewusstsein entzogen. Anstelle der Politik tritt ein zügelloser Populismus, der ausschließlich auf die Ressentiments eines rabiaten und xenophoben Kleinbürgertums zielt. Die Befriedigung der Parteienklientel ersetzt jede Verständigung über das Gemeinwohl. Die allgemeine Geringschätzung der Politik droht zum einzigen nationalen Konsens in Österreich zu werden. Legitimität und Handlungsfähigkeit der österreichischen Politik können aber letztlich nur wiederhergestellt werden, wenn man sich auch in Österreich an die Mahnung Montesquieus aus dem Jahre 1748 erinnert, dass sich die Republik auf die Tugend ihrer Bürger stützen müsse, die in ihr aufgefordert sind, sich an der Politik aktiv zu beteiligen. (Voggenhuber 2010, S. 365ff.)

Denkanstoß für ein Demokratiebegehren

Für alles in diesem Büchlein Zitierte, Nachgedachte und von Experten Geforderte gilt gemeinsam: Ich sehe eine ganze Reihe von Persönlichkeiten in unserem Land, die Hoffnung vermitteln. Hoffnung, dass sie gehört werden. Hoffnung auf die Einsicht der Politik und ihrer Verantwortlichen, dass sie eine Bringschuld haben und ihren Beitrag leisten müssen für mehr Anstand und gegen Stillstand.

Diese Hoffnung stirbt zuletzt. Jene Hoffnung, dass sie sich doch bewegt, die österreichische Politik. Geben wir ihr eine Chance und tragen für das Überleben bei – es zahlt sich aus. Wird diese Chance allerdings verpasst, dann wird jenes Szenario Wirklichkeit werden, das Matthias Strolz unter „Politiker mit Zukunft" (in den „Reformen ohne Tabu") so beschreibt: „Da diese Regierung grundsätzliche Gestaltungskraft in den Bereichen Bildung, Gesundheit, Integration, Sicherung der Sozialsysteme und Staatsreform missen lässt, wird nach einem erfolgreichen Bildungsvolksbegehren ein Volksbegehren für eine österreichische Demokratie-Reform folgen. Ausgestattet mit dem Zuspruch der Bürger könnte diese umfassende Reformbewegung zum Nukleus für die Kandidatur einer neuen Kraft bei den nächsten Nationalratswahlen werden." (Paierl/Heingärtner 2011, S. 170f.)

Ich bin mir bewusst, dass man nach der Lektüre meines Beitrages in manchen Kreisen der Bundeshauptstadt den Titel von Erich Maria Remarques berühmten Buch heranziehen und bemerken könnte: Im Westen nichts Neues. Meine Ambition besteht auch nicht darin, wirklich Neues zu erdenken, sondern in vielen Fällen bereits Gedachtes zusammenzufassen.

Wozu das Ganze also? Die Antwort darauf ist die Aufforderung Stephane Hessels: „Empört Euch", wobei das Empören zum Tun führen muss, weil man sich sonst selbst in die „Ohne mich"-Typen einreiht. Schön wäre es, wenn dabei jeder etwas anderes tut.

Ich schreibe eben, nehme mich dabei nicht zu wichtig und möchte einen Beitrag leisten, der andere hoffentlich zum Tun führt. „Was kann ich schon tun?" – eine oft gehörte Antwort, die Hilflosigkeit signalisiert, Machtlosigkeit ausdrückt, Selbstbewusstsein vermissen lässt und in Resignation endet.

Noch einmal: Jeder kann etwas tun. Und aus der Gemeinsamkeit des Tuns kann auch die notwendige Kraft, etwas zu bewirken, geschöpft werden. Wir alle sind das Volk – und müssen uns nicht mehr der erstaunten kaiserlichen

Frage aussetzen: „Ja, derfn's denn des?" Und in meiner Hoffnung bittet das Volk nicht mehr – es begehrt! Es wagt nicht mehr Demokratie, um mit Willy Brandt zu sprechen, es fordert sie mit den Mitteln der Demokratie.

Möglich ist, dass mich bei diesem Tun jene Naivität einholt, die ich mir selbst gelegentlich attestiere, und nichts geschieht, möglich ist aber auch, dass sich etwas zum Positiven ändert. Zweiteres würde mir die Genugtuung geben, dass etwas bewirkt wurde, im ersteren Fall hätte ich es wenigstens versucht.

Beherzigen wir doch, was Oscar Werner in dem Film „Der letzte Akt" als Wehrmachtsoffizier zu einem Hitlerjungen sagt: „Sag' nie wieder Jawoll."

Ein Schlusswort: Apropos Mit-Tun. Wenn Sie Anregungen, Hinweise, Ergänzungen oder Kritisches beitragen wollen, so tun Sie es bitte an „wehren_ist_wichtig@gmx.net".

Literatur

Einem, Caspar (2010): Fragen über Fragen: Wozu dieses Parlament? In: Zukunft. Die Diskussionszeitschrift für Politik, Gesellschaft und Kultur, Nr. 09/2010. (online verfügbar unter: http://diezukunft.at/?p=1588, letzter Zugriff: 27. 7. 2011)

Enzensberger, Hans Magnus (2011): Sanftes Monster Brüssel oder Die Entmündigung Europas. Berlin: Suhrkamp.

Hessel, Stephane (2011): Empört Euch. Berlin: Ullstein.

Hösele, Herwig (Hg.) (2010): Was ist faul im Staate Österreich? Wien u.a.: Molden.

Kuch, Kurt (2011): Land der Diebe. Salzburg: Ecowin.

Paierl, Herbert/Heingärtner, Markus (Hg.) (2011): Reformen ohne Tabu. 95 Thesen für Österreich. Wien u.a.: Molden.

Poier, Klaus (Hg.) (2009): Demokratie im Umbruch. Perspektiven einer Wahlrechtsreform. Wien u.a.: Böhlau.

Radlegger, Wolfgang (1989): Ansichtssache. Salzburg: Graphia Druck- und Verlagsanstalt.

Voggenhuber, Johannes (2010): res publica. Reden gegen die Schwerkraft. St. Pölten, Salzburg: Residenz Verlag.

Walter, Franz (2009): Im Herbst der Volksparteien? Eine kleine Geschichte von Aufstieg und Rückgang politischer Massenintegration. Bielefeld transcript Verlag.

Der Autor

Wolfgang Radlegger, geboren 1947 in Grödig bei Salzburg, ab 1969 Arbeit für die SPÖ in der Salzburger Landespolitik, unter anderem als Landesparteisekretär, ab 1977 Mitglied des Bundesrates und ab 1979 Landesrat. Von 1984 bis 1989 SPÖ-Landesparteivorsitzender und Landeshauptmann-Stellvertreter, seit 1990 in der Privatwirtschaft tätig, davon viele Jahre als Vorstandsvorsitzender einer bedeutenden Unternehmensgruppe im Bereich der Finanzdienstleistungen mit internationalen Funktionen. Derzeit Vorstandsmitglied der Eigentümerholding in dieser Unternehmensgruppe.

Rudi Palla

Verschwundene Arbeit

Von Barometermachern, Drahtziehern, ...

Die meisten unserer Vorfahren haben ihr Leben lang Tätigkeiten ausgeübt, von denen wir nichts mehr wissen. Die rapide Veränderung der Arbeitswelt hat Hunderte von ausgestorbenen Berufen hinterlassen. Wieviel hochspezialisiertes Können damit verloren gegangen ist, lässt sich kaum ermessen.

Was machte ein Schopper, ein Silhouettenschneider oder ein Schinder? – Wie ein Archäologe legt Rudi Palla in dieser Sammlung all jene Tätigkeiten frei, die uns heute weitgehend unbekannt sind. Dieses liebevoll illustrierte Buch ist ein Reiseführer durch die Sedimente menschlicher Anstrengung, eine Schatz- und Wunderkammer, ebenso reich an minutiös recherchierten Details wie an bemerkenswerten Anekdoten und Kuriosa. Man ist amüsiert, wird unterhalten und gleichzeitig belehrt. Als „Gedächtnis der Arbeit" ist Rudi Pallas Lexikon ein hilfreiches Nachschlagewerk und zugleich ein anregendes und amüsantes Lesebuch, das zum Weiterblättern und Weiterlesen verführt.

Format 16,5 x 24 cm
280 Seiten mit 250 Abbildungen

Manfred Scheuch

Historischer Atlas Österreich

Von der „Geburtsstunde" des Landes 996 bis zu den Ergebnissen und Konsequenzen der letzten Nationalratswahlen: Manfred Scheuch stellt in diesem historischen Atlas anhand von zahlreichen Karten die Geschichte Österreichs mit ihren historischen Grenzveränderungen dar und analysiert den Werdegang der Republik von ihren stürmischen Anfängen bis heute.

Der *Historische Atlas Österreich* macht anhand von Kartenskizzen die Entwicklung des Landes vom alten Keltenreich Noricum über die Grenzmark des Reiches, das Weltimperium der Habsburger bis zur Großmacht Donaumonarchie und zur Republik nachvollziehbar. Manfred Scheuch widmet dabei auch den sozialen Unruhen – von den Bauernaufständen über die Reformation und die 48er-Revolution bis zu den Ereignissen des Jahres 1934 – große Aufmerksamkeit. Für die Geschichte des 20. Jahrhunderts erfasst das Werk alle Parlamentswahlen, die Gebietsveränderungen nach dem Vertrag von Saint-Germain und die Folgen des „Anschlusses".
Über 200 Planskizzen und zahlreiche Abbildungen und historische Karten ergänzen die Texte zu einem Sachbuch, das die Geschichte dieses Landes lebendig und anschaulich wiedergibt.

Format 22 x 32 cm
320 Seiten mit 400 Abbildungen

Hannes Androsch (Hg.)

Österreich

Geschichte, Gegenwart, Zukunft

Österreich ist keine „Insel der Seligen" mehr. Es ist an der Zeit, die Mythen und Meinungen zu diesem Land neu zu überprüfen. Ein Team von namhaften Wissenschaftlern, Experten und Journalisten ist angetreten, um das Bild Österreichs und der ÖsterreicherInnen zurechtzurücken.

Sie lenken dabei den Blick auf die Vergangenheit und Gegenwart, aber auch auf die Zukunft dieses Landes. Dass Liebe zu Österreich durchaus mit Kritik vereinbar ist, dass Patriotismus nicht automatisch Schönfärberei bedeuten muss, dass es sich lohnt, das Selbstbild einer Nation und die Zuschreibungen von außen immer wieder neu auszuloten, beweist dieses facettenreiche Buch.
Mit differenzierten Beiträgen – unter vielen anderen von Michael Frank, Anton Pelinka, Günther Steinbach, Beppo Mauhart oder Christoph Wagner – sowie einer Fülle an sorgfältig ausgewählten Abbildungen vermittelt dieser Prachtband ein fundiertes und umfassendes Bild Österreichs.

Format 24 x 29 cm
592 Seiten mit 700 Abbildungen

Bibliografische Information der Deutschen Nationalbibliothek
Die Deutsche Nationalbibliothek verzeichnet diese Publikation in der Deutschen Nationalbibliografie; detaillierte bibliografische Daten sind im Internet über http://dnb.d-nb.de abrufbar.

1. Auflage

Entwurf des Schutzumschlags: Christian Brandstätter
Technische Betreuung: Franz Hanns
Lektorat: Wolfgang Straub

Gedruckt in der EU

ISBN 978-3-85033-606-2

Christian Brandstätter Verlag
GmbH & Co KG
A-1080 Wien, Wickenburggasse 26
Telefon (+43-1) 512 15 43-0, Telefax (+43-1) 512 15 43-231
E-mail: info@cbv.at, www.cbv.at